Le Corbusier
ル・コルビュジエの勇気ある住宅

安藤忠雄

とんぼの本

新潮社

prologue

20世紀の巨匠たち

20世紀の建築界に花開いた巨匠といえば、ミース・ファン・デル・ローエ（1886〜1969）、フランク・ロイド・ライト（1867〜1959）、そしてル・コルビュジエ（1887〜1965）の3人の名前が挙がるでしょう。ではこの中で、現代都市の風景に最も影響を与えたのは誰か。あえて言うならミース・ファン・デル・ローエではないかと思います。

ミースは都心部でよく見られる全面ガラス張りの高層ビルの原型を創り上げた人です。1919年の〈フリードリヒ街のオフィスビル計画案〉には、鉄骨骨組構造で支えられた積層空間が描かれています。この構造形式だと壁は単に外と内を仕切る皮膜のような存在（カーテン・ウォール）になるため、ガラスのような耐重性のない素材でも使うことができるわけです。いまや東京であれニューヨークであれ、近代以降につくられた大都市は、まさしくガラスのカーテン・ウォールの箱型の高層ビルによって埋め尽くされています。ミースが描いた1枚のスケッチから現代都市は始まったといったら言い過ぎでしょうか。

彼はまたこうした空間に対して、〈ユニヴァーサル・スペース〉という概念を提唱していました。これは、建築における機能主義、合理主義の極みともいうべき建築思想でして、文字通り「どのような機能にも対応しうるどこまでも均質な光、均質な空気に満たされた空間」によって、普遍の建築が出来るという考え方です。驚くべきは、この構想を1920年代からあたためていたことです。ミース建築の集大成である〈ファーンズワース邸〉が出来る20年以上も前に、です。ただこの概念は、完全な均質空間を求めたがゆえに、一方で人間の営為に付随する歴史や風土、文化といったものを否定する思想でもありました。対して、その歴史や風土の感覚を失わずに、近代的な表現を追求したのが、フランク・ロイド・ライトでした。

アメリカの原野の血を受けて、地を這うような土着的建築から生物のようにうごめく有機的建築、都市計画のスケールまで、実に多様な造形に挑戦しています。貪欲な創作活動に相応しく長生きしただけあって、その作品数がまたすさまじい。

誰もが瞬時に理解し、建物が周辺と一体となった一つの風景として心に迫ってくる。そんなライト建築の強さは多くの信奉者を生み出しました。しかし、あまりにオリジナリティが強すぎたからか、ライトの後を追った建築家でよい仕事が出来た人はそれほどいません。彼自身は、タリアセンでの活動で知られるように、教え子やスタッフと共同生活をしながら設計の仕事をし、後継の育成には熱心だったのに……皮肉な話です。

ル・コルビュジエは、3人の中では最も雄弁な建築家でした。

１９１４年に家の構造を床と柱で支える画期的なドミノ・システムを考案し、１９２０年代、モダニズムの草創期には、フリープラン（自由な平面構成）やピロティ（支柱）等の考え方に発展させていきます。同時にこれらの理念を盛り込んだ〈サヴォワ邸〉［40～51頁］等の刺激的な建築をつくり、自身の著書でも「住宅は住むための機械である」といった挑戦的な言葉を述べながら、近代建築の理論を築き上げていくのです。それが第2次世界大戦による空白期を挟んで、再び活動を開始すると、まるでそれまでの自身の建築や言葉を覆すような、猛々しい建築を創りはじめます。20世紀建築の傑作〈ロンシャンの礼拝堂〉［78～89頁］はこの時期につくられました。

私は20代の頃、建築に触れたい一心で初めて西欧に旅したとき、〈サヴォワ邸〉と〈ロンシャンの礼拝堂〉に出会いました。そして、この二つの途方もない建築が、ル・コルビュジエというひとりの人間から生み出されたという事実に、深い感動を覚えました。

一体、ル・コルビュジエとはどのような人間だったのか。何故その建築は、今なお私を含め多くの人々の心を惹き付けてやまないのか――。

本書では「住宅」を切り口に、3人の巨匠のなかでもひときわ輝きを放つル・コルビュジエという建築家の魅力に迫ります。なぜ「住宅」なのかというと、〝住まい〟こそが建築の原点であり、ル・コルビュジエもまたそこから出発したからです。

建築の強さに、規模の大小は関係ありません。人間の手が届くスケールゆえに密度の濃い仕事が要求され、それだけ建築家の力量が問われる。「住宅」には全てが詰まっているのです。

Le Corbusier
ル・コルビュジエの勇気ある住宅

目次

ル・コルビュジエの傑作、サヴォワ邸。
Photo: Philippe Ruault

なぜ、ル・コルビュジエか？

ある日、1匹の白い小犬が私の事務所にふらりと入りこんできました。もう20年以上も前のことです。人間たちを前にしても臆することなく、堂々として、やたらと吠えるのです。そんな姿に、なぜかル・コルビュジエのことを連想してしまいました。20世紀の巨匠として名高いこの建築家を評する言葉はたくさんあるでしょうが、私は〝生涯果敢に闘い続けた人〟だと思っています。そんなイメージが、威勢のいい小犬にダブったのでした。白い毛で覆われた身体のあちこちに黒と茶の斑点があって、それがまたル・コルビュジエのデザインした有名な寝椅子の模様にそっくりでした。雌でしたが、迷うことなく「コルビュジエ」と名づけたその犬は、長いあいだスタッフの一員として皆とともにやってきたのですが、5年前に永眠しました。

私は若い頃からル・コルビュジエに興味をもっていました。建築はもちろん、その生き方にも惹かれてきたのです。ル・コルビュジエは、建築に関して正規の専門教育を受けていません。かわりに、ヨーロッパ中の国々をまわって、あらゆる時代の建築を見て歩き、身体で建築を学びとってゆきました。そして、さまざまな〝建築〟との出会い、その発見の感動をひたすらスケッチに描きました。ギリシアのパルテノン神殿の力強いスケッチなど、そのときの興奮が伝わってくるような迫力があります。それらを見直すだけでも、旅での経験がいかにル・コルビュジエにとって重要な意味をもったか、よくわかる。やはり、建築は実際にその場所を訪れて、その空間を五感で感じてこなければわからないんです。建築家は若い頃によく旅をするものですが、ル・コルビュジエにとっても、旅こそがいわば学校のようなものだったのでしょう。

私は独学で建築の道に入り、とにかく興味をもった建築を実際にひたすら見て歩くことから始めましたが、20代のあの頃、本などを通じて知った巨匠ル・コルビュジエの生き方に、少なからず影響を受けていたように思います。

ル・コルビュジエは、スイスの田舎町からパリへ出てきて、この街を拠点に仕事をし、最後はフランス人として亡くなっています。けれど、生きているあいだにパリで、その才能にふさわしいだけの評価が得られたというわけではありませんでした。実際、この街で手がけた建物で、公共のものはといえば、意外なほど少ない。ル・コルビュジエが建築家として世に出た当時、パリは、ヨーロッパ屈指のエリート建築家養成所、エコール・デ・ボザール（フランス国立美術学校）一派の牙城でした。彼らは、19世紀からの流れを汲む、古典的な装飾をほどこした重厚で荘厳な建築こそ、美の規範と考えていましたから、近代合理主義にもとづくまったく新しい価値観のもとに前衛的な建築を次々提案するル・コルビュジエを、事あるごとに誹謗中傷し、足をひっぱり続けたのです。しかしル・コルビュジエはそれに負けることなく闘い続け、自分の建築表現をつらぬきました。

　そんな姿に、私は憧れ以上の思いを抱いています。だからでしょうか、どうもル・コルビュジエの話になると熱が入るのです。

　4年前の夏のことでした。当時私が教えていた東京大学建築学科の一人の学生が、ル・コルビュジエの代表作〈サヴォワ邸〉の模型を100分の1の大きさでつくってきました。すると、それを見た別の学生が、今度は〈スタイン＝ド・モンジー邸（ガルシュの家）〉を、200分の1のスケールで、各階ごとに分解できる精巧な模型にしてみせました。ちょうど掌にのるサイズで、何ともかわいらしいんですね。これに刺激されたのか、続いてまた別の学生がつくりだし、気がつくと、研究室を挙げて、ル・コルビュジエ住宅の模型づくりにとりつかれていました。ル・コルビュジエの住宅とは、〝住まい〟というきわめて慣習的、具体的に組みあげられてゆくものに対して、その構成に論理性を持ちこもうとしたという点に、強い特徴があります。それぞれの仕事に、しっかりとした理念が刻まれているのです。それを模型で確かめてゆくことで自分たちなりに20世紀の建築を考え直すことができるのではないかという思いが、彼らを模型作りに熱中させたのでしょう。

　そんな様子を見ていて、せっかくだから展覧会にまで持っていったらどうかと提案し、実現にこぎつけました（「住宅のル・コルビュジエ　全プロジェクト模型」展　2001年4月12日

［右頁］いまは亡き愛犬の名は、コルビュジエ。もちろん敬愛する建築家にちなんで。写真提供＝安藤忠雄建築研究所
［左頁］ル・コルビュジエ自身、大の犬好きだった。愛犬の名はパンソー。フランス語で「絵筆」を意味する。妻イヴォンヌとともに。

「住宅のル・コルビュジエ」展には、この偉大な建築家が手がけた実現・非実現あわせて全106の住宅プロジェクトの、200 分の 1 サイズの模型が並んだ。写真は東京展会場の、ギャラリー・間。撮影＝広瀬達郎

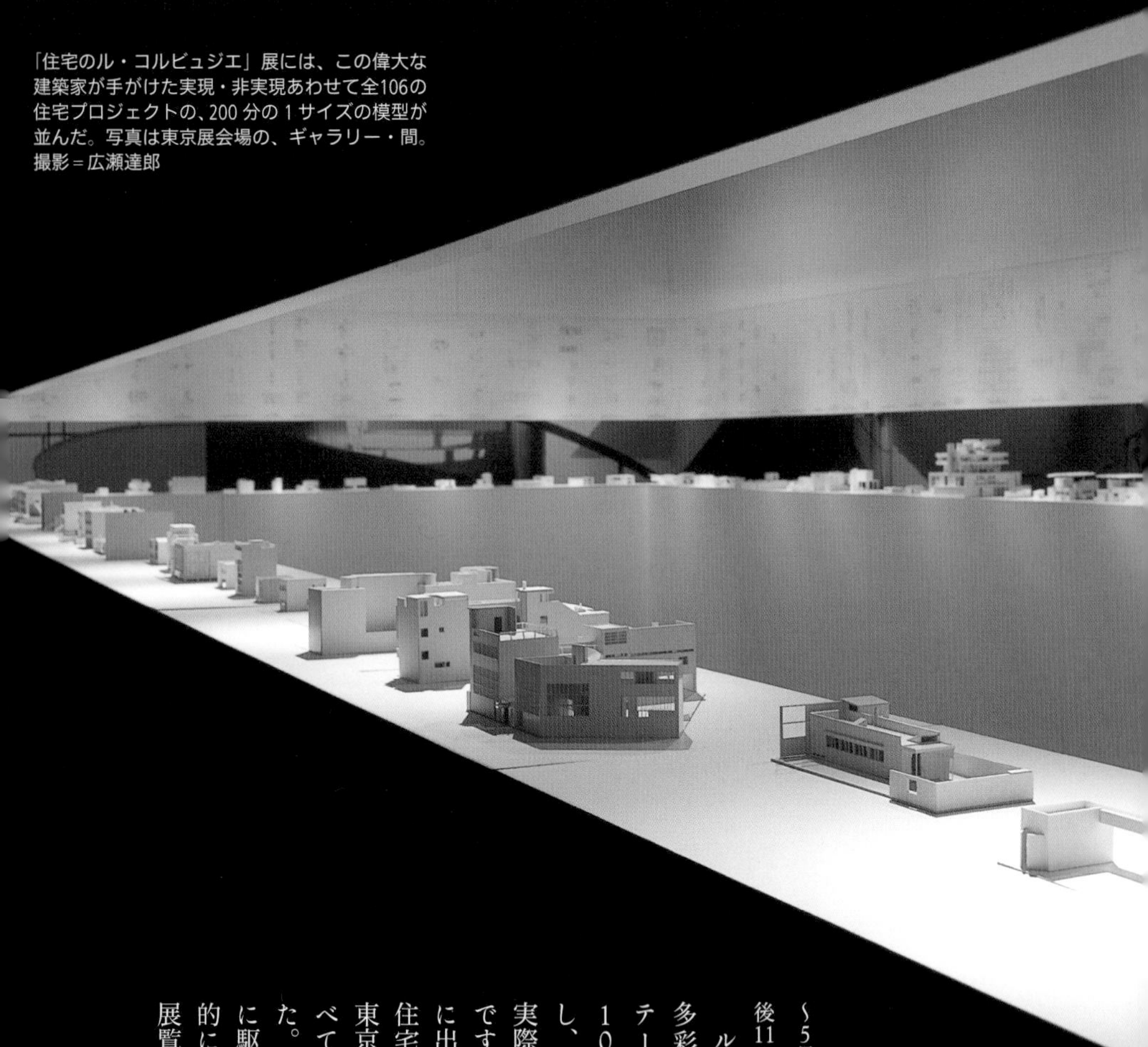

〜5月26日　東京・ギャラリー・間《ま》　その後11カ所へ巡回)。
　ル・コルビュジエの生涯にわたる多彩な仕事のなかから「住宅」にテーマを絞り、集合住宅を除いた１０６の住宅プロジェクトを拾いだし、実現しなかったものも含めて、実際に全部模型化したのは学生たちです。彼らはまた、カタログがわりに出版した『ル・コルビュジエの全住宅』（ＴＯＴＯ出版）の解説から、東京展での会場構成に至るまで、すべて自力で作業をすすめてゆきました。口コミで、他の大学からも応援に駆けつけてくれましたので、最終的には１００人にのぼる学生がこの展覧会の立ち上げにかかわったこと

になります。

正直、私はびっくりしていました。日頃、どこか醒めた印象のあった学生たちが、白い1ミリ厚のイラストレーションボードと格闘しながら模型づくりに没頭する姿は、とても新鮮で、同時に安堵さえ感じたのです。結局、彼らも根っこでは私の若い頃と変わらない、ただ建築が好きでたまらないのだなと思って。

ある学生は、模型をつくりながらこういっていました。「他人のフィルターを通したル・コルビュジエではなく、生のル・コルビュジエに自分で近づいてみたかった」。

私自身、ル・コルビュジエに夢中になったのは、ちょうど学生たちと同じ年頃でした。ふらっと入った道頓堀の古本屋で建築作品集を見つけたのです。けれど、とても高価で買えません。アルバイトのお金が貯まるまで、この本だけは売れませんようにと、積まれた本の一番下に隠して帰りました。ところが、次の日に行くとまた上に出してある。隠して帰る。するとまた……というイタチごっこを1カ月繰り返し、やっと手に入れた。もううれしくて、その作品集に収められた図面を、自分のスケッチブックに何度も何度も写し取ったものでした。

現代はコンピュータの発達のおかげで、キーをたたけば簡単に、しかもきれいに図面を描くことができます。けれどそんな時代だからこそ、自分の手を動かし、つくりながら考え、身体で建築を理解してゆくことが重要な意味を持ってくるのではないでしょうか。なんだかわからないけれど、とにかくつくってみたいと感じる、そんな素朴な衝動こそ、建築家として最も重要な資質なのです。

学生たちの手から次々と生まれ出た住宅模型は、私にも意外な発見や驚きをもたらしてくれました。ル・コルビュジエが生涯に設計した建築プロジェクトは３００を超えます。ほかにも家具デザインや都市計画、さらには絵画、彫刻、著述、雑誌の編集と、じつにさまざまな仕事をこなしたスーパーマンですから、こちらがのめりこんで調べれば調べるほど、その生涯はとらえがたく、創作活動の全貌はかえって曖昧になってゆくのです。それが、制作年代順にならんだ住宅模型をつぶさにみたことで、何か一挙に視界がひらけてくるような、新鮮な感動を覚えました。

住宅の設計は、ル・コルビュジエの全建築プロジェクト総数の約3分の1を占めています。しかも、17歳から77歳で亡くなる直前までほぼとぎれることがありませんでした。その軌跡からは、20世紀という時代にふさわしい住宅とは何かという理念と現実的問題との狭間で揺れ動いた建築家としての葛藤が、あざやかに浮かびあがってきたのです。さらには、住宅をつくることを通して、生

きるとはどういうことかをくりかえし思索し続けたひとりの人間の姿さえも……。ああ、〝住まい〟にこそル・コルビュジエの創造の原点があったのだなと、私はあらためて腑におちた気がしました。その仕事がどれほど多方面にわたっていようとも、結局、根っこにあるのは〝住まう〟というもっともプリミティヴな人間の営みを考えることだったのだと思います。

　いくつかの作品に則しながら具体的にお話してゆくことにしましょう。

仕事中のル・コルビュジエ。1959年、パリ、セーヴル通り35番地の事務所にて。壁に貼られた、片手を掲げた人物像は、彼の考案による寸法体系「モデュロール」のスケッチ。

GIACOMETTI
FRANK LLOYD WRIGHT MONOGRAPH
FRANK LLOYD WRIGHT PRELIMINARY STUDIES
NAGARE
RICHARD LONG
TADAO ANDO
ISSEY MIYAKE East Meets West
VICTOR HORTA
MOSHE SAFDIE
Le Corbusier

熱っぽくル・コルビュジエを語る安藤忠雄。
大阪の安藤忠雄建築研究所にて。
撮影＝広瀬達郎

ル・コルビュジエは１８８７年10月6日、スイス北西部のフランス国境に近い山あいの町ラ・ショー＝ド＝フォンで生まれました。本名はシャルル＝エドゥアール・ジャンヌレといいます。ラ・ショー＝ド＝フォンは時計産業のさかんなところで、父も祖父も時計の文字盤の絵付けをする職人でした。母はピアノの先生で、その影響を受けた二つ上の兄アルベールはのちに作曲家になっています。

幼い頃から絵が上手だったル・コルビュジエは、12歳のとき、工業学校へ通いながら、地元の美術学校の夜間コースへ入学します。2年間ここで学び頭角を現した彼は、14歳のとき美術学校一本に絞るべく、工業学校を辞めて昼間のコースに入り直します。時計の彫金師になるための訓練を本格的に受けはじめるのですが、学内コンペでいつも上位に入る優秀な生徒でした。しかし視力が弱かったため、高度に細かい作業が要求される時計装飾の道へ進むには無理がありました。

17歳、なんとなく建築家

ファレ邸 1905-1907

Villa Fallet

故郷につくった記念すべき処女作は、およそル・コルビュジエらしくない(?)山小屋風。
撮影＝矢萩喜従郎

ファレ邸外壁の装飾工事中のル・コルビュジエ（中央）。
両脇は美術学校の同級生。１９０７年
Bibliothèque de La Ville, La Chaux-de-Fonds

ル・コルビュジエが描いたファレ邸
南東面の水彩スケッチ。
１９０５年　鉛筆、水彩　紙　©FLC*

ファレ邸内部。テーブル、椅子、サイドボード等もすべてル・コルビュジエのデザインによる。『Le Corbusier's Formative Years』より

1905年6月、17歳のとき転機が訪れます。美術学校の教師で、のちにル・コルビュジエが「恩師」と呼ぶことになるシャルル・レプラトニエの熱心な勧めにしたがい、彫金をやめて、建築デザインをはじめるのです。そして18歳の誕生日を迎える直前に、同校に新設された美術装飾高等科へ進学。ほどなく、レプラトニエの推薦で学校の理事会の委員で宝飾商だったファレ氏の住宅を、ラ・ショー＝ド＝フォンに設計することになります。

フランク・ロイド・ライトもすごく若い頃から建築の仕事をはじめていますが、地元の建築家の助けを借りたとはいえ、17、18歳という、今でいえば大学に入学するかどうかという年齢でのデビューはとても珍しい。しかも正規の建築教育を受けたわけではないのに、仕事を頼まれるという幸運がめぐってくるなんて、なんだか不思議ですね。最初から建築家になりたかったというよりも、目の前に現実の仕事があったから――そんなふうになかば偶然のようにして、ル・コルビュジエの建築家としてのキャリアはスタートしたのでした。

外壁に幾何学的装飾がほどこされ、茶色の瓦屋根がのっかった〈ファレ邸〉は、デザイン的には、1920年代にル・コルビュジエがつくることになる、あのコンクリートでできた白い箱型の都市住宅とはまったく違うものです。スイスの山荘《シャレー》風とい

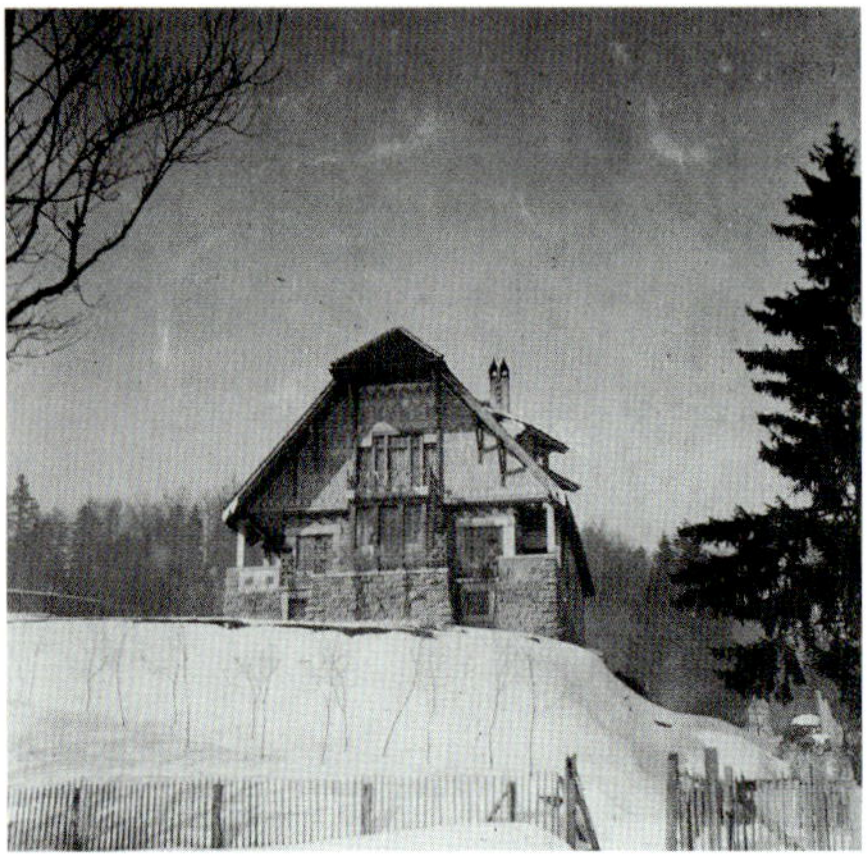

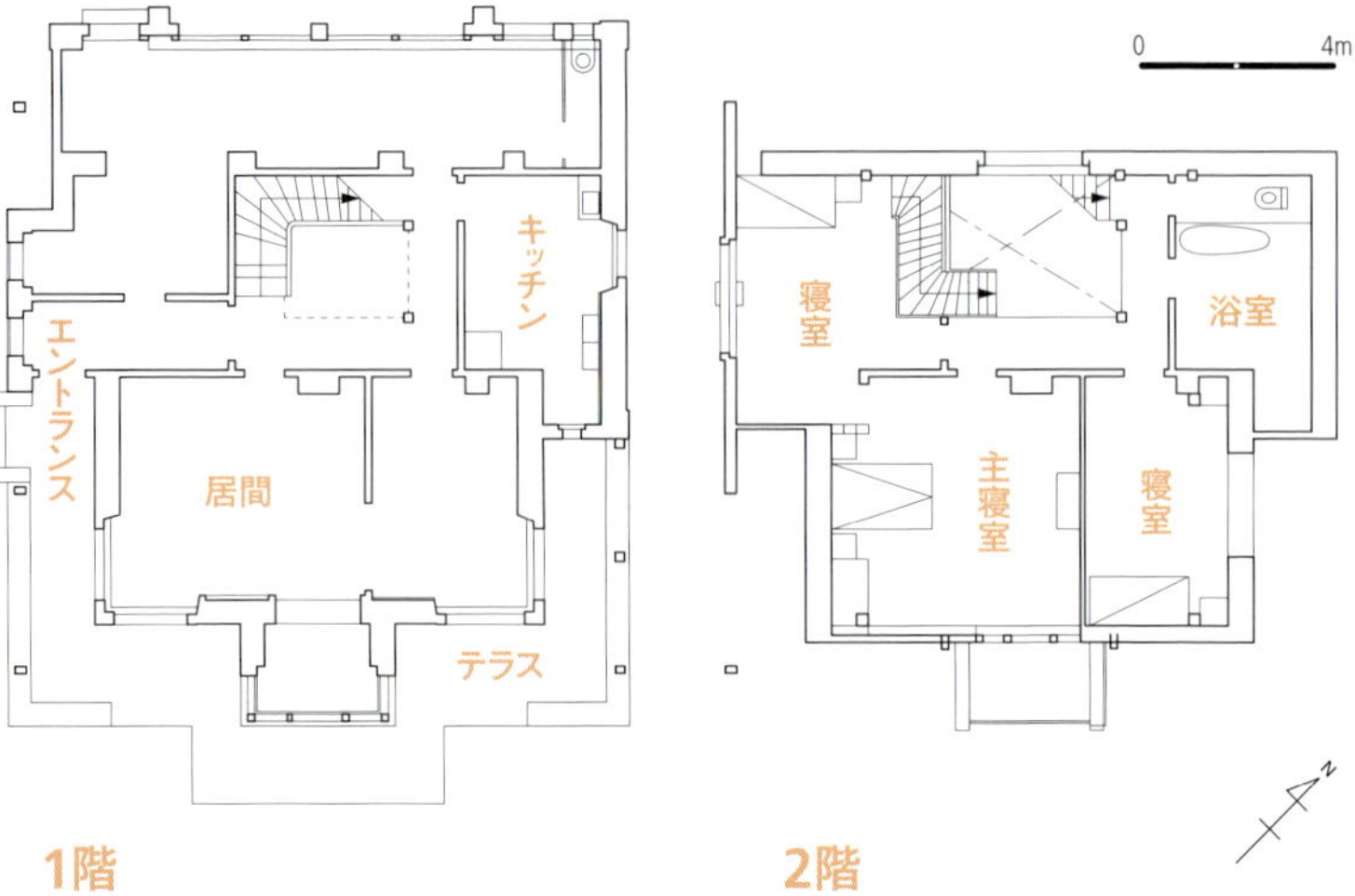

[右]ファレ邸平面図。部屋の名称は、これ以後の住宅のプランなどからの推測。
[上]竣工当時のファレ邸外観。1907年
Bibliothèque de La Ville, La Chaux-de-Fonds

うか、ラ・ショー＝ド＝フォンの町にある他の家と大して変わらない。

最初に設計を依頼されたとき、少年だったル・コルビュジエはずいぶん頭を悩ませたことだろうと思います。書物などにも手がかりを求めたでしょうが、やっぱり自分の身のまわりにある住宅がヒントになったのでしょう。経験もなく、目標もいまだ定まらない未来の大建築家が、悪戦苦闘しながらはじめての建築を組み立ててゆく――そんな様子がこの家からは伝わってきて、ほほえましく思います。どんな巨匠にだってやはり〝最初〟があるのですね。

一般的なル・コルビュジエのイメージからすると、たしかにらしくない仕事ですが、シンメトリックな構成や、正方形をいくつも組み合わせたような間取りなど、家全体に漂うバランス感覚は、次への展開を予感させなくもありません。けれど、そんな堅苦しい批評はぬきにしても、

充分味わい深く魅力のある家だと思います。事実、この家は評判がよかった。1907年に完成すると、ファレ氏の親戚から頼まれて、ラ・ショー＝ド＝フォンにもう2軒の住宅を設計することになります。
後年、自分の作品集を刊行したとき、ル・コルビュジエはこれら初期の住宅を収録しませんでした。〈ファレ邸〉のことも、「醜悪だ」という言葉でかたづけています。ですが、この仕事を通じて、ル・コルビュジエはモノづくりに関わる人間としてもっとも重要な〝つくる喜び〟を、苦労しながら身体で学んだのです。その意味だけでも、充分に価値があると思います。
学生たちがつくった小さな模型を眺めたとき、この処女作にこそ、近代建築の巨匠となってゆくル・コルビュジエの運命が詰まっているような気がしてなりませんでした。

ラ・ショー＝ド＝フォンで手がけた初期住宅3作の模型。

右からファレ邸、ジャクメ邸、ストッツァー邸。いずれもスイスの田舎風建築である。撮影＝広瀬達郎

Maison Dom-ino

ドミノ・システム

1914

壁がなくとも家はできる

ドミノ型住宅の透視図。建物を支えていた壁をなくし、鉄筋コンクリート製の床・柱・階段だけで構成する、画期的なアイディア。©FLC*

建築の専門教育を受けないまま仕事をはじめたル・コルビュジエは、〈ファレ邸〉の設計で得た収入をもとに、イタリア旅行へ出かけます。1907年、19歳のときでした。以来4年間、ル・コルビュジエはヨーロッパ中を遍歴します。ギリシアのパルテノン神殿やイタリアの中世建築を間近に見て、建築を肌で学んでゆくのです。途中、フランスやドイツに長期滞在して、当時の最先端の設計事務所でも修業しています。

最初の修業は、パリ在住の建築家で鉄筋コンクリート建築の先駆者オーギュスト・ペレ（1874〜1954）の事務所。1908年、20歳のときに弟子入りしています。

ペレのアトリエは、その代表作のひとつ、フランクリン通りのアパートにありました。まだ一般にはほとんど普及していなかった新工法である「鉄筋コンクリート」で建てられており、ル・コルビュジエはいたく感銘を受けたようです。しかし、石やレンガ積の建物にギリシア・ローマ風の装飾彫刻を重厚にほどこした新古典主義的な建築をよしとする当時のパリ建築界、つまりエコール・デ・ボザール（フランス国立美術学校）一派からはさんざん悪評を浴びました。鉄筋コンクリートなんて素材を扱うのは建築家ではなく土木技師だと思われていたのです。

しかし、ル・コルビュジエは嬉々としてこのアトリエで働きました。ペレの理解もあって、1日5時間だけ働き、あとはボザールで建築史の

フランクリン通りのアパート（1903年　パリ）は、オーギュスト・ペレの代表作。ここで学んだ若きル・コルビュジエは、コンクリートという素材に眼を開かれた。撮影＝小野祐次

ベーレンスの事務所を辞めた後、ドイツ各地を旅していた頃のル・コルビュジエ。部屋の壁には、旅先で描いたスケッチが貼られている。
1911年4月、ベルリンにて。
Bibliothèque de La Ville, La Chaux-de-Fonds

授業を聴講したり、ルーヴル美術館に通ったり、数学や力学を学んだり。

ペレのもとで16カ月間学ぶと、１９１０年にドイツへ向かい、ベルリンに滞在して、ペーター・ベーレンス（１８６８～１９４０）の設計事務所に5カ月間籍をおいたといわれています。この事務所には、時期は少しずれるようですが、バウハウスの創設者であるヴァルター・グロピウスやミース・ファン・デル・ローエら、のちに世界の建築を担う錚々たる人材が集まっていました。もっとも、ル・コルビュジエ自身はあまり得るものがなかったと、あとになって語っていますが。

ベーレンスのもとを去ったル・コルビュジエは、晩年、『東方への旅』と題してその記録をまとめることになる大旅行を敢行します。バルカン半島からトルコへ下り、ギリシアを経てイタリアへ。行く先々で寺院から農家まであらゆる建物

ラ・ショー＝ド＝フォンの郊外に建てた両親の家、ジャンヌレ＝ペレ邸。撮影＝矢萩喜従郎

を見て歩き、手帳6冊分のメモやデッサン、数百枚に及ぶ写真を残しています。これらの膨大な記録はいわば旅の日記ですが、あきらかに他人に見せることを前提に書かれています。建築家としての自覚の問題以前に、なんというか告白好きな人だったのかもしれませんね。

そうした遍歴ののち、１９１１年の秋、ル・コルビュジエは故郷ラ・ショー＝ド＝フォンにもどりました。恩師レプラトニエから、美術学校の改革を手伝うよう求められ、母校の教師をつとめるかたわら、設計事務所を構えます。事務所の宣伝文句には、驚いたことに「鉄筋コンクリートできます」と書かれてありました。パリでもまだ普及していなかった最新技術、しかも使った経験なんてありません。せいぜいペレのもとで得た知識程度だったのではないでしょうか。それをいきなりウリの一つにしてしまうところがすごいですね。

ジャンヌレ＝ペレ邸2階の主寝室でくつろぐル・コルビュジエの両親。©FLC

が、その戦略があたったのか、仕事が舞いこみます。1軒は両親の家、もう1軒は時計業界の名士の大邸宅。どちらも住宅の一部にではありますが、さっそく鉄筋コンクリートが使用されました。その後もル・コルビュジエは鉄筋コンクリートにこだわり続けてゆきます。

1914年、第1次世界大戦勃発。これがひとつの転機となります。中立国である故郷スイスで戦況を見守りながら、早くも終戦後を視野に入れた戦略をじっくり練っていたル・コルビュジエは、ついにラ・ショー＝ド＝フォンの山荘風の住宅からは想像もつかない、画期的なハウジング・システムを考案するのです。それが鉄筋コンクリートをつかった〈ドミノ型住宅〉でした。本来の表記は「Dom-ino（ドム・イノ）」。ドミノのように次から次へと連なったドムス（住居）という意味ですが、今ではふつう、「ドミノ」と呼んでいます。戦争が終われば、大量の住宅を供給する必要が出てくる。その膨大な需要に応じるための、工業生産の住宅――それが〈ドミノ型住宅〉でした。具体的には、家の構造を床（天井）、柱、階段というシンプルな骨組に分解し、それぞれを規格化した鉄筋コンクリートのパーツで製造するのです。そうすれば、安く大量に部品をつくり、しかも短期間で組み立てることができる！

遺されたスケッチ［20～21頁］をみると、1階と2階の床を6本の同じ柱で支え、階段で結ぶシンプルな構造です。壁や窓、間仕切りが描かれていないのは、それらがドミノのシステムにおいては建物の強度に関係ないからです。あらかじめ、固定化したプランにする必要がなく、居住者の事情に合わせて、窓の大きさ、部屋と部屋の間仕切りの位置などを、自由に変えることができます。従来の西洋建築は、石やレンガを積みあげた壁そのものが建物を支える構造でした。だから窓ひとつとっても強度上の問題が生じ、大きさや形には制約がありました。ところが、このドミノのシステムならば、壁全面を窓にしても家が崩れることはありません。

ル・コルビュジエは、フランス政府にこのドミノのアイディアを売りこもうとしますが、うまくゆかず、戦争が長期化したこともあって、計画だけで終わってしまいました。

1916～17年に故郷で手がけた住宅〈シュウォブ邸〉で、ル・コルビュジエは不完全ながらもドミノ・システムを使っています。外見はレンガ積ですが、じつは鉄筋コンクリート造の柱や梁が用いられているのです。施主は富裕な芸術愛好家でしたが、予算があまりにもオーバーしたためトラブルとなり、1917年、若き建築家は故郷を去っていきます（のちに訴訟合戦に発展）。

ドミノ・システムを取り入れ、鉄筋コンクリートをつかった初期の名作シュウォブ邸は、経費のかさんだ問題作でもあった。
撮影＝西森秀一

1

私のなかのル・コルビュジエ

コンクリートという手強い武器

私が建築でコンクリートを初めて用いたのは、1973年、大阪につくった極小の都市住宅〈富島邸〉においてです。「都市ゲリラ住居」と名づけた、都市空間で個人が住まう場所を劇的に獲得するという一連の試みの最初の仕事で、私の実質的な処女作にあたります。ちなみに〈富島邸〉はその後、友人でもあった施主から建物を譲りうけ、私の事務所として現在にいたっています。増築、改築を重ねて、かつての面影はありませんが……。

〈富島邸〉でコンクリートを選んだのは、現実的な理由からでした。内部も外部も仕上げがいりませんから、とにかくローコスト。最大限の容積を最も安く獲得し得る材料がコンクリートだったのです。使ってみると、この素材、実に手強いのですが、同時に創造的可能性を強く感じました。コンクリートなら打放し仕上げで外装と内装を別のものとしてではなく、一体的に創造できる。私が目指す、余分なもの一切を排除した裸形の空間に近づけるのではないかと思ったのです。訪れた人の心に、ただそこでの空間体験だけが残ってゆくような裸形の建築。誰にでも使える材料で、誰にもつくれないそんな世界を切り拓いてゆこう！　私の建築との闘いはそこから始まりました。

ル・コルビュジエに敵わないまでも、私も建築家として生きていくための戦略としてコンクリートを選んだわけですが、コンクリートはその扱い方によって表情がまったく変わってくる、非常に難しい材料です。だから、素材は同じであっても、私

のつくる建物のコンクリートを見て、ル・コルビュジエのコンクリート建築を想起する人はあまりいないでしょう。

ル・コルビュジエの場合、たとえばマルセイユの集合住宅ユニテ・ダビタシオンのピロティ（支柱）など、コンクリート打放しの荒々しい質感がフォルムとマッチして力強い効果を生んでいます〔60〜61頁〕。ですが、そうした効果というのは、狙ったものではなくて、あくまで結果として現れたのだと私は思っています。ル・コルビュジエの関心は、質感の追求よりも、むしろコンクリートという素材を駆使して印象的なフォルムをつくりだすことにこそあったのではないか。その姿勢は、建築家というより彫刻家と呼ぶのがふさわしいようです。

フランス人もイギリス人も、そしてアメリカ人も、コンクリートの中には住めないと口をそろえていいま

1973年、木造長屋が並ぶ大阪の下町に出現したコンクリートの箱、富島邸。安藤忠雄の実質的処女作である。
写真提供＝安藤忠雄建築研究所

❷

❶

す。もともと西欧の建築文化は、自然の素材感を生かすより、その表層を装飾で覆ってゆくという考え方から出発してきているわけですから、家のなかを剥き出しのコンクリートで仕上げるという発想自体が受け入れがたく感じるのでしょう。それに比べると、日本人はコンクリートという素材に対して、意外なくらい違和感を覚えないようですね。

　私がコンクリートに求める質感は、見た目が滑らかで、手触りも柔らかい仕上げです。つまり、木と紙の建築に親しんできた感覚に沿うもの。そのためにセメントと水の調合の研究から作業の手順にいたるまで、今も試行錯誤をくりかえしています。

❸

❹

富島邸はその後、安藤に買い取られ、事務所として使われる過程で三度にわたる増改築を繰り返し(❶〜❸)、1991年にすべて建てかえられ現在のような形になった(❹)。
写真提供＝安藤忠雄建築研究所

■シトロアン住宅

Maison Citroha

1920（第1案）
1922（第2案）

あまりに早すぎた大衆住宅

鉄筋コンクリートを使ったドミノ・システムを武器に、故郷ラ・ショー＝ド＝フォンからパリに拠点を移した建築家は、1920年、「ル・コルビュジエ」と名乗るようになります。それまでシャルル＝エドゥアール・ジャンヌレの本名で仕事をしてきた男にとって、本格的な建築家宣言だったといえるでしょう。ちなみにこのペンネーム、自分の祖先の名前「Lecorbésier（ルコルベジエ）」からとったものでした。

この年、33歳のル・コルビュジエは、ドミノ・システムを使って〈シトロアン住宅〉を計画します。もちろんフランスの国民車シトロエンにあやかった名称で、つまりフランスの国民ハウスをつくろうと考えたわけです。「ドミノ」といい、「シトロアン」といい、この人はネーミングが実に上手ですね。

19世紀までは、建築というと宮殿や教会を指し、貴族や聖職者たち特権階級のものでした。一般の人が寝起きする生活の場としての住宅は、俗なる建築としてさげすまれてきました。ところが、20世紀を迎えると大衆が主役となり、俗なる建築であった住宅こそが建築家にとっても大きなテーマになってきました。ル・コルビュジエは自分が生きる新しい時代の流れを敏感に見きわめ、シトロアン・ハウスを提案したのです。

シトロアン住宅の床と屋根は、工場での量産が可能な規格化された鉄筋コンクリート製です。ただし壁だ

量産が可能な住宅として考案された
シトロアン住宅は、吹抜けの居間を
もつシンプルな箱型構造。©FLC*

けはレンガや石、ブロックなど、どこの土地でも手に入る材料で、しかも土地の職人が施工できる昔ながらの積み上げ構造となっていて、フランス国内のどの地方でも容易に建てられるよう配慮されています。外観は、軽やかな白い直方体です。無駄な装飾はひとつもありません。内部は、家の容積の半分を吹抜けの居間に充て、残り半分を1階と2階に分けて寝室や水回りを配しています。ル・コルビュジエは、１９２０年代を通じて、〈サヴォワ邸〉に代表されるような白い箱型の住宅をつくることになるわけですが、シトロアン住宅はまさにその原型といっていいでしょう。

　１９２２年、ル・コルビュジエは

ヨーロッパ初の大量生産車、シトロエンのタイプ A（1919年）。ル・コルビュジエは、名前ばかりでなく、そのフォルムもシトロアン住宅の参考にしたという。

1925年、パリのアール・デコ博に出品したエスプリ・
ヌーヴォー館は、シトロアン住宅の具現化だった。
「L´Architecture vivante」1925年秋冬号より

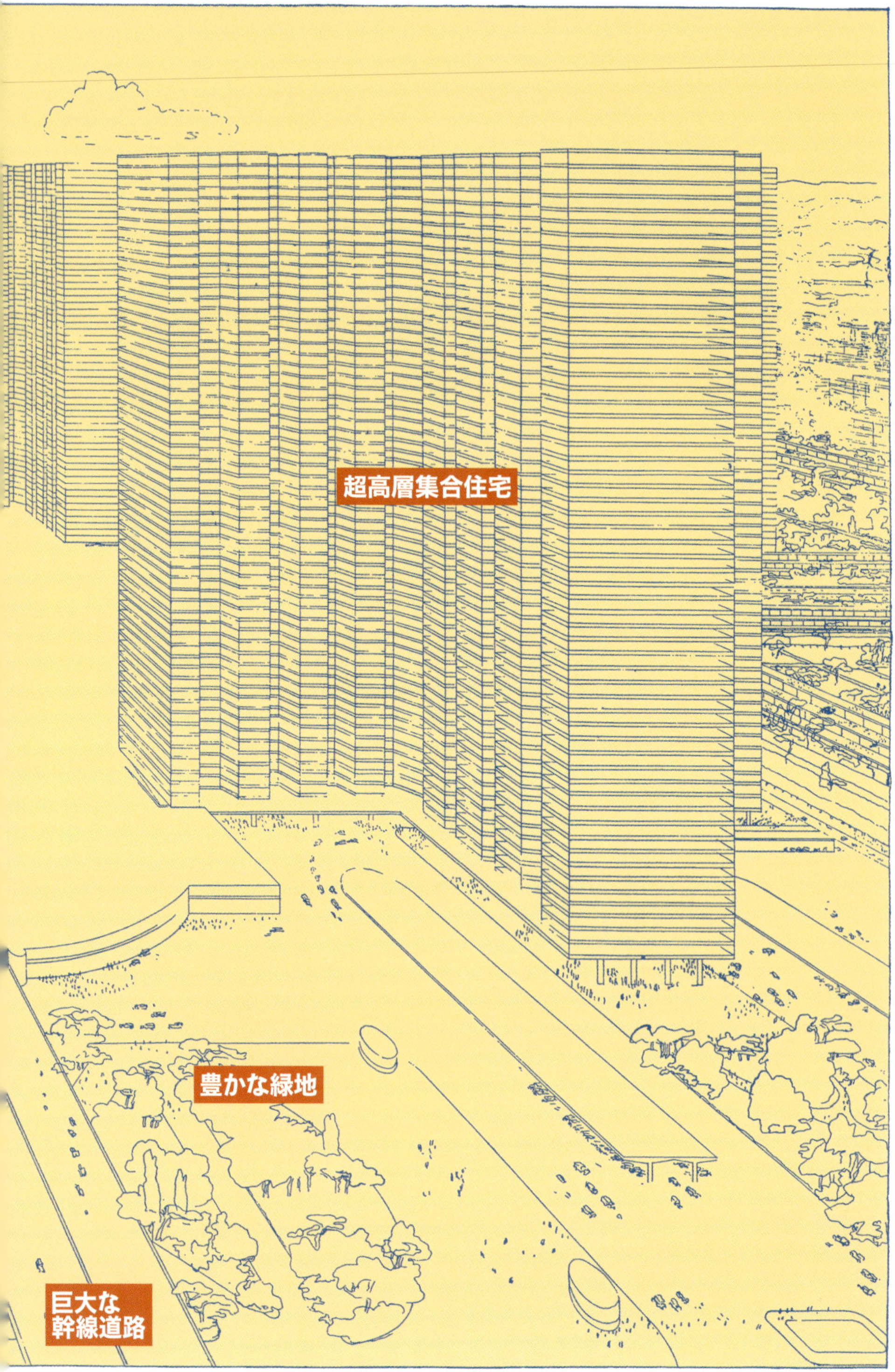
超高層集合住宅
豊かな緑地
巨大な
幹線道路

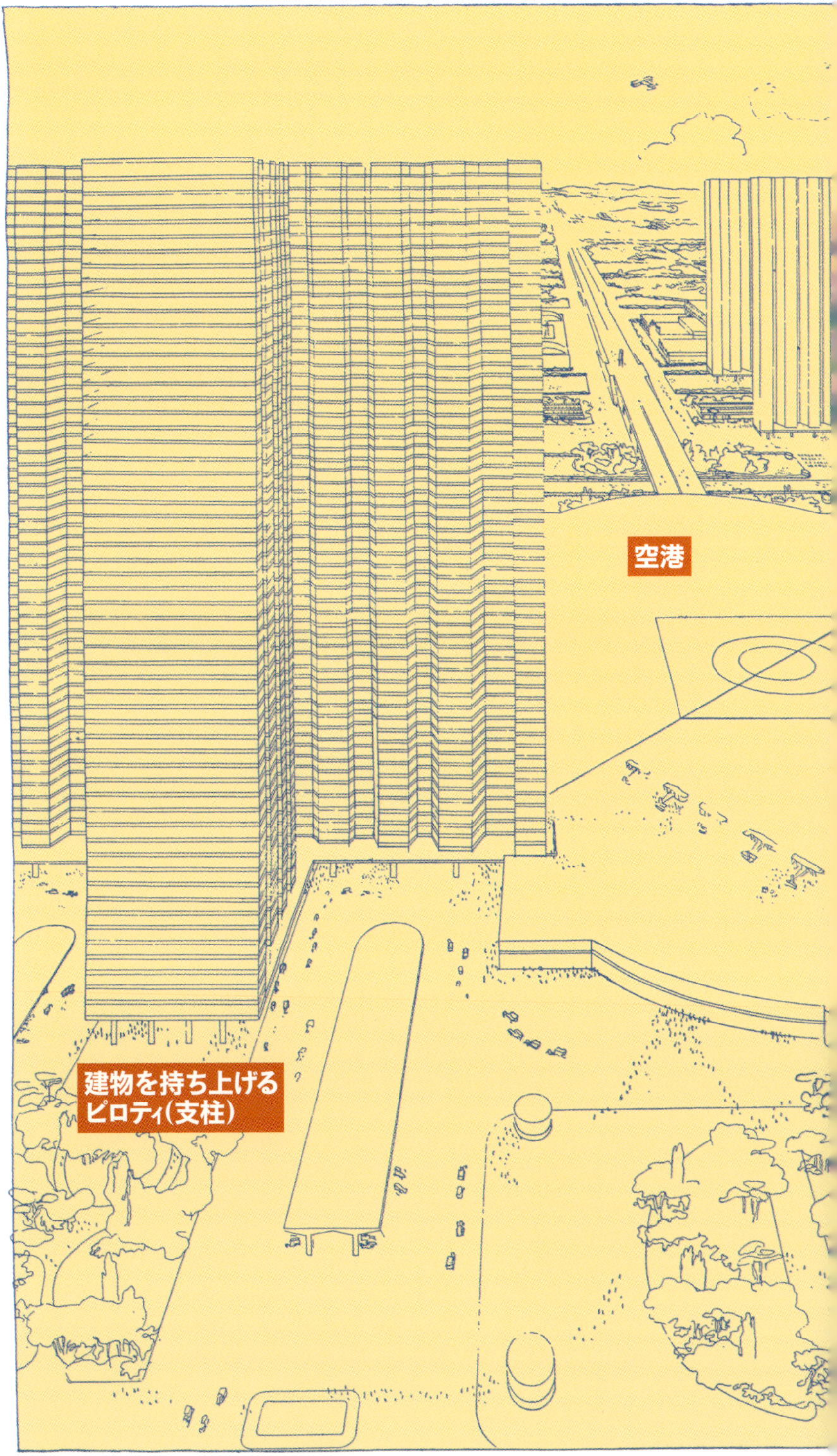

「３００万人のための現代都市」構想をル・コルビュジエはさらに推し進め、パリを舞台に具体化した「ヴォワザン計画」を、１９２５年、エスプリ・ヌーヴォー館の付属施設で展示した。実現はしなかったが……。©FLC*

従弟で建築家のピエール・ジャンヌレと共同事務所を構えました。ふたりは、シトロアン住宅についてさらに構想を膨らませてゆきます。1920年型がレンガや石、ブロックによる壁構造だったのを、鉄筋コンクリート造の柱を使うことでドミノ・システム化を推し進めた、実に大胆なプランを打ち出したのです。

　シトロアン住宅をどんどん上に積み重ねてゆけば、従来の建物の倍以上の高さを持つ高層集合住宅をつくることができる。そうすれば敷地面積も少なくてすむから、余った土地に緑豊かな公園をつくればいい。人々が自然を日常的に満喫できる、緑と光にあふれた健康的で秩序だった都市空間が生まれる——。

　ふたりは、この研究成果を、1922年秋のサロン・ドートンヌで「300万人のための現代都市」と名づけて発表しました。当時の人にとってはあまりに型破りだったこのプランは、大変なスキャンダルを巻き起こします。独学で建築を学び、後ろ楯もないかわりにしがらみもない自由な立場だからこそできたことでもありました。

　アヴァンギャルド建築家として注目されるようになったル・コルビュジエのもとには、シトロアン型の住宅をつくってほしいという注文もくるようになります。といっても、国民ハウスなんて望むべくもない数ではありましたが。白い箱型の住宅に住みたいと思い、それを実現するだけのお金を持っているのは、ごく一部の裕福な中産階級、それもインテリ層に限られていたんです。

　とはいえ、「吹抜けの居間＋2層に分けた機能的スペース」からなるシトロアン住宅の簡潔に整理された空間構成は、ル・コルビュジエが第2次大戦後、マルセイユに手がける集合住宅ユニテ・ダビタシオンで大きく脚光を浴びることになります。

「ヴォワザン計画」を発表した1925年頃の
ル・コルビュジエ。©FLC

2

私のなかのル・コルビュジエ

立体的に暮らすために

規模の大小にかかわらず、ル・コルビュジエが住宅にもっとも多用した建築的試み、ヴォキャブラリーは何だと思いますか？　吹抜けなんですよ。バーゼルの銀行家ラウル・ラ・ロッシュと、ル・コルビュジエの兄アルベール・ジャンヌレとの共同住宅としてつくられたパリの〈ラ・ロッシュ＝ジャンヌレ邸〉（1923〜25年）なんて、とくにおもしろい空間構成です。現在はル・コルビュジエ財団の施設になっています。

共同住宅といっても、ふたつの住まいの雰囲気はずいぶん異なります。妻子のあるアルベールには、家族のための現実的な住まいを提供する一方、ブラックやピカソなど近代絵画のコレクターでもあった独身のラ・ロッシュには、コレクションを鑑賞するにふさわしい芸術的な空間を提供しました。ちょうどル・コルビュジエの「白の時代」の住宅です。

傾斜地を利用した吹抜けの居間をつくり、
立体的な空間構成を生みだした小篠邸。
撮影＝大橋富夫

ラ・ロッシュ邸のギャラリー・スペースの、ゆるやかなカーヴを描いて上下階を結ぶスロープが実に印象的です。そして、玄関ホールの3層の吹抜け空間。この空間には〝流れ〟があります。なおかつ全体を包みこむような光が巧みに取り入れられている。この場所に立ったとき、2次元ではない、3次元の立体的な空間というものを強く実感しました。

　私が23年前に芦屋につくった〈小篠《こしの》邸〉も、吹抜けというか、立体的な空間構成を意識した家です。〈ラ・ロッシュ＝ジャンヌレ邸〉のように2世帯がひと続きではなく、2棟のコンクリートの箱を並べた構成です。緑深い山の斜面にあるため、建物をなかば埋没させ、その高低差を利用した吹抜けの居間をつくりました。地下と1階による2層分が吹抜けになっているわけです。空間をいかに立体的に構成するか――素材をコンクリート打放し一本で勝負する私にとって、それこそが一番楽しくもあり、苦心するところでもあります。

家族構成も嗜好もことなる2世帯共同の住宅、ラ・ロッシュ＝ジャンヌレ邸。写真は独身の美術愛好家、ラ・ロッシュ邸のギャラリー部分。スロープが吹抜けの2つの層を優雅にむすぶ。Photo:Philippe Ruault

Villa Savoye

1928-1931

サヴォワ邸

理性とドラマが葛藤する傑作

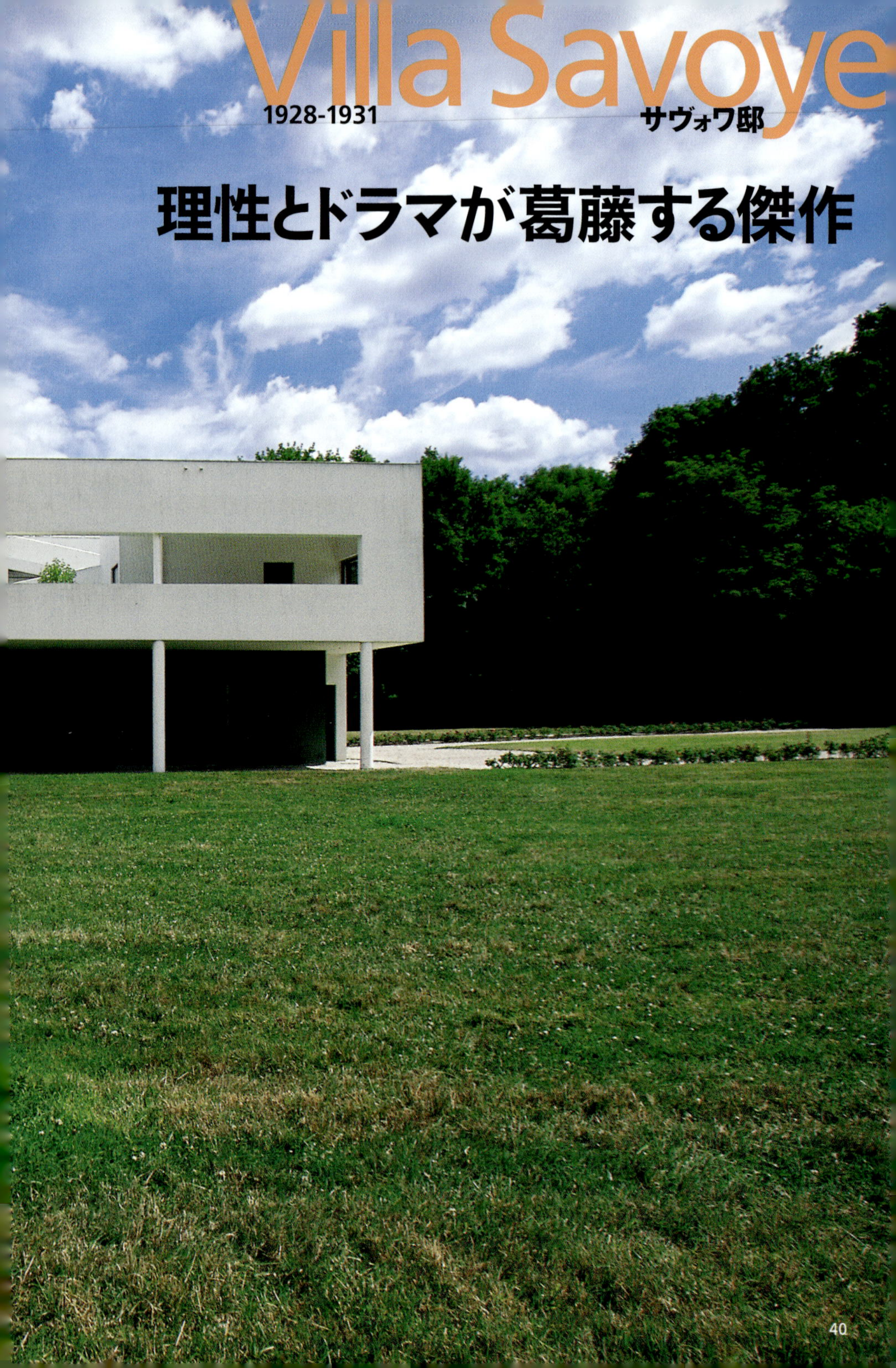

サヴォワ邸南西側の外観。大地からすっくと立ちあがった白い幾何学的形態は、人間が暮らす住宅というより、遠い星から飛来してきた宇宙船のように見える。
撮影＝藤塚光政（〜43頁）

住宅ということでいえば、私が初めて実物を目にしたル・コルビュジエの作品は〈サヴォワ邸〉です。１９６５年、一般旅行者にも海外旅行が自由化された翌年のことで、そのとき私は24歳でした。古本屋で手に入れた作品集を眺めるだけではあきたらず、実際にその建物を訪れ、さらには建築家本人に直に逢ってみたいと、何のつてもないまま、初めてヨーロッパに渡ったのでした。パリに着いた私は、ル・コルビュジエの設計事務所を訪ねました。けれども本人には逢えませんでした。私がパリに着く1カ月前に亡くなっていたのです。

〈サヴォワ邸〉は、パリから北西へ30キロほど離れた郊外の町ポワッシーの、小高い丘の上に建っていました。写真で何度も見た、あの幾何学的な箱型のヴォリュームが大地から浮遊する光景が、そこに現実のものとしてありました。近づくと、誰も住んでおらず、廃墟のような状態です。荒れ果てた建物の中に足を踏み入れ、そこかしこを歩き回りながら、ル・コルビュジエがこの家にこめた

サヴォワ邸に入ると、真ん中にらせん階段とスロープがある。このスロープは、屋上まで続いている（50〜51頁参照）。

思いが剝き出しのまま訴えかけてくるのを私は強く感じていました。

パリに住むサヴォワ夫妻の週末用住宅として、1928年に設計が開始されたこの邸宅には、ル・コルビュジエの建築理念が最も明確に体現されています。自分のアイディアにキャッチフレーズをつける天才だったル・コルビュジエは、1926年に「近代建築5原則」を唱えます。1914年に考案したドミノ・システムによって、技術的に可能になったさまざまな建築表現を単純化して掲げたもので、次の5項目からなります。

1　ピロティ（支柱）
2　屋上庭園
3　自由な平面構成
4　水平連続窓
5　自由なファサード（立面）

実際の〈サヴォワ邸〉ではこれらがどう具現化されているのか？

3 自由な平面構成

従来の西洋建築では、壁がないと建物を支えることができない構造になっています。それも外壁だけではだめで、建物の内部にも支持壁がいくつも必要です。ですから平面構成——つまり間取りにしても、建物の構造上の都合にあわせたものしかできませんでした。ところが、鉄筋コンクリート製の柱と床で家の骨組をつくるドミノ・システムなら、壁が建物を支える必要はもはやありません。室内のどこに壁を作ろうと自由、好きな間取りが選べるようになったのです。ル・コルビュジエは、それまでの壁だらけで見通しの悪い住環境を粉砕するかのごとく、広々とした開放感のある居間を2階につくっています。

ル・コルビュジエの唱えた「近代建築5原則」を全てもりこんだのが、サヴォワ邸である。模型は50分の1サイズ。ギャルリー・タイセイ所蔵
撮影＝広瀬達郎

1 ピロティ（支柱）

建物全体を地面から持ち上げている柱のことです。ル・コルビュジエはピロティによって、人や車が自由に通り抜けできる空間を確保しようと考えました。これなら建物が密集した大都市でも限られたスペースを有効に使うことができます。〈サヴォワ邸〉の場合は、建物を持ち上げることで大地から解放すると同時に、周囲の景観を眺める楽しみも得ました。1階部分は車寄せや車庫、物置などに充てられています。

2 屋上庭園

〈サヴォワ邸〉は勾配のない水平な屋根です。屋上にあがると平らな空間が広がっていて、あちこちに土が盛られ、緑を植えることで建物の中に巧みに自然をとりこんでいます。屋上庭園には現実的なメリットもあります。鉄筋コンクリートは温度差による膨張収縮がはげしく、ひび割れを生じやすいのですが、屋上に庭をつくることで、夏の暑さや冬の寒さの影響を緩和し、雨が降っても直接屋根のコンクリートにしみこまないよう配慮しています。

4 水平連続窓

正面から〈サヴォワ邸〉を眺めると、壁の端から端まで横に長く連続したガラス窓がついているのがわかります。この水平連続窓もまた、壁が構造から解放されたことで可能になった、新しい表現です。従来は縦長の、それも大きさを制限された窓しかできませんでした。ル・コルビュジエは、横長に連続する窓によって、ふりそそぐ光とすばらしい眺めを住宅に取り入れてみせました。

5 自由なファサード（立面）

伝統的な建築では、正面のファサードの意匠にいかに趣向を凝らすかが重視されてきました。当時のフランスでは、ギリシア・ローマ風の柱で装飾したりする新古典主義が幅をきかせていましたが、ル・コルビュジエはそうした様式主義にとらわれることなく、ドミノがもたらした水平連続窓を、建物における造形上のアクセントにしています。ピロティがあり、その上に白い箱がのり、箱の壁は水平連続窓で大きくぶちぬかれている——当時の石やレンガでできた重厚な建物を見慣れた人からすれば、映画『未知との遭遇』さながら、宇宙船が空から降りてきたような心地だったに違いありません。

新しい時代の建築の旗手として脚光を浴びるきっかけとなった1923年の著書『建築をめざして』のなかで、ル・コルビュジエは「住宅は住むための機械である」という有名な言葉を吐いています。

余計な装飾をはぶいたシンプルな形でありながら、ただの白い箱に終わらない、寝食の場として効率よく機能する装置――それが住宅だというコンセプトなのでしょうが、いま聞いてもかなり挑戦的な言葉でしょう？「住めませんよ」といわれているような気すらします。20世紀は住宅の時代なんだというメッセージを強くプロパガンダするために、あえて「機械」という、人々がアレルギーを起こすような言葉を使ったのだと思います。1920年代までにル・コルビュジエが試み、実践してきた、こうしたさまざまな提案を集大成したのが〈サヴォワ邸〉なのです。

が、しかし、ここからがこの住宅のおもしろいところです。すべてこうした抽象的な理念を反映して整然とできあがっているように見えて、家のなかに入ると、あれっと思うことがたくさん出てくるのです。たとえば、住宅の骨組。外から眺めると、4・75メートル間隔で立ち並んだピロティが水平な床や天井を支えるドミノ・システムに見えます。ところが、建物の中に入ると、実際は大きく乱れています。犯人は、家の中央につくられたスロープ。らせん階段があるのに、なぜわざわざスロープをつくったのか？

スロープをのぼってゆくと、最初は暗く、それがだんだん明るくなり、

サヴォワ邸平面図（実現案）

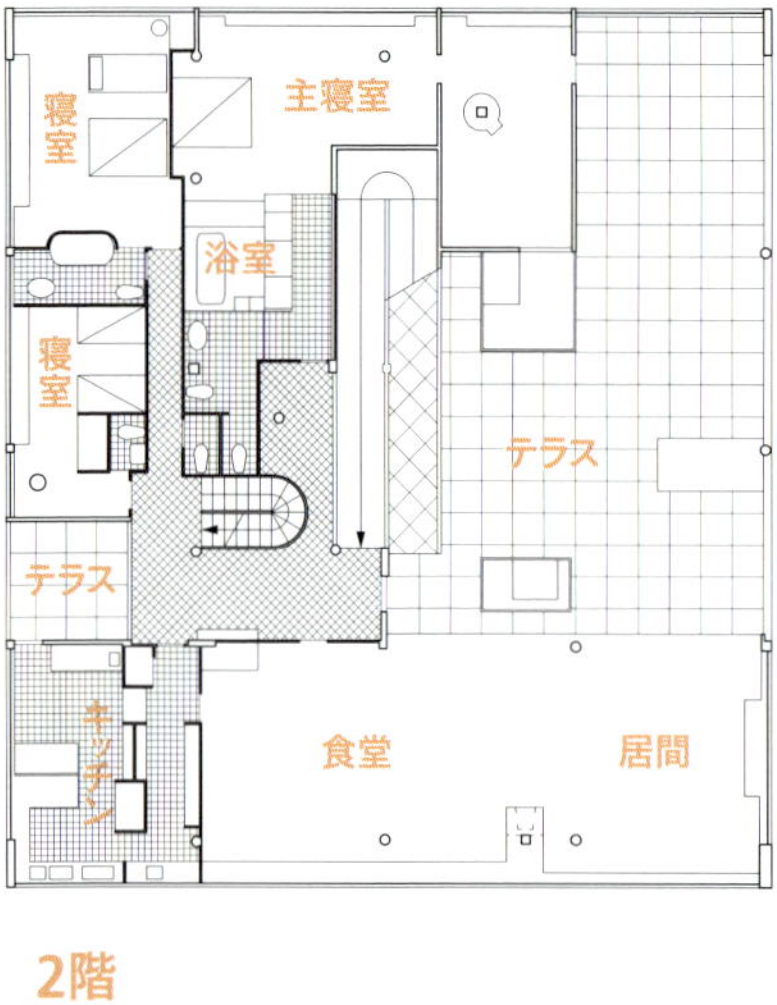

2階

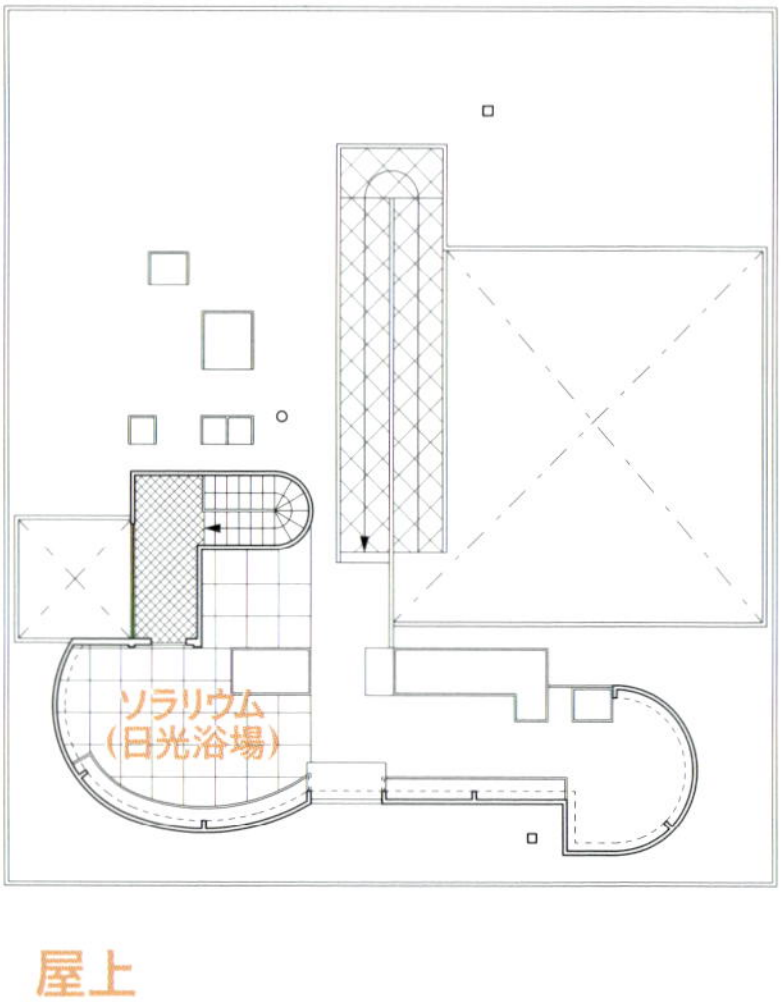

屋上

最後は屋上に出てパーッと外の景色がひらけます。どうみても、合理的な機能というより、ドラマティックな空間を演出する装置なのです。自分の建築理念に忠実であろうとする一方で、あふれかえる創造力につき動かされるル・コルビュジエ。その格闘の痕跡が、かえってこの住宅に多様な解釈を許容する奥行と膨らみをもたらしています。

〈サヴォワ邸〉には、実現案の他に、5つのスタディ案が存在します。比べてみると、当初は3階をつくるはずだったのが、おそらくは予算の関係でしょう、2階建に変更され、かわりに屋上がつくられています。7カ月に及んだ設計期間中に、ル・コルビュジエは機能性と経済性両面にわたる施主の要望と、自らの理念やわきおこるアイディアを調停しながらこの住宅をつくっていったのではないか。建築家のそんな葛藤が、実現案とスタディ案を見比べると手にとるようにつたわってきます。

1931年に完成すると、サヴォワ夫妻は週末以外もここで暮らすようになりますが、1940年ナチス・ドイツのパリ侵攻によって立退きを命じられました。戦後、建物はすっかり荒れ果て、〈サヴォワ邸〉は空き家のまま放置されていました。

私が訪ねた1965年は、市が学校を建てるために、廃墟同然となったこの家を壊そうとしていた矢先でした。そこに待ったをかけたのが、当時の文化大臣アンドレ・マルロー。建築だけでなく街並みという意味での都市の保存・再生を謳うマルロー法を、フランスに根づかせた人物です。パリでもっとも歴史ある広場のひとつに数えられるヴォージュ広場を再生し、現在のような美しい場所として生きかえらせたのも、マルローの仕事です。

ル・コルビュジエを高く評価していたマルローは、この邸宅が古い歴史的建造物ではなかったにもかかわらず、修復し、後世に残すことを決めたのです。近代建築が文化財として保存された先駆けといってよいでしょう。

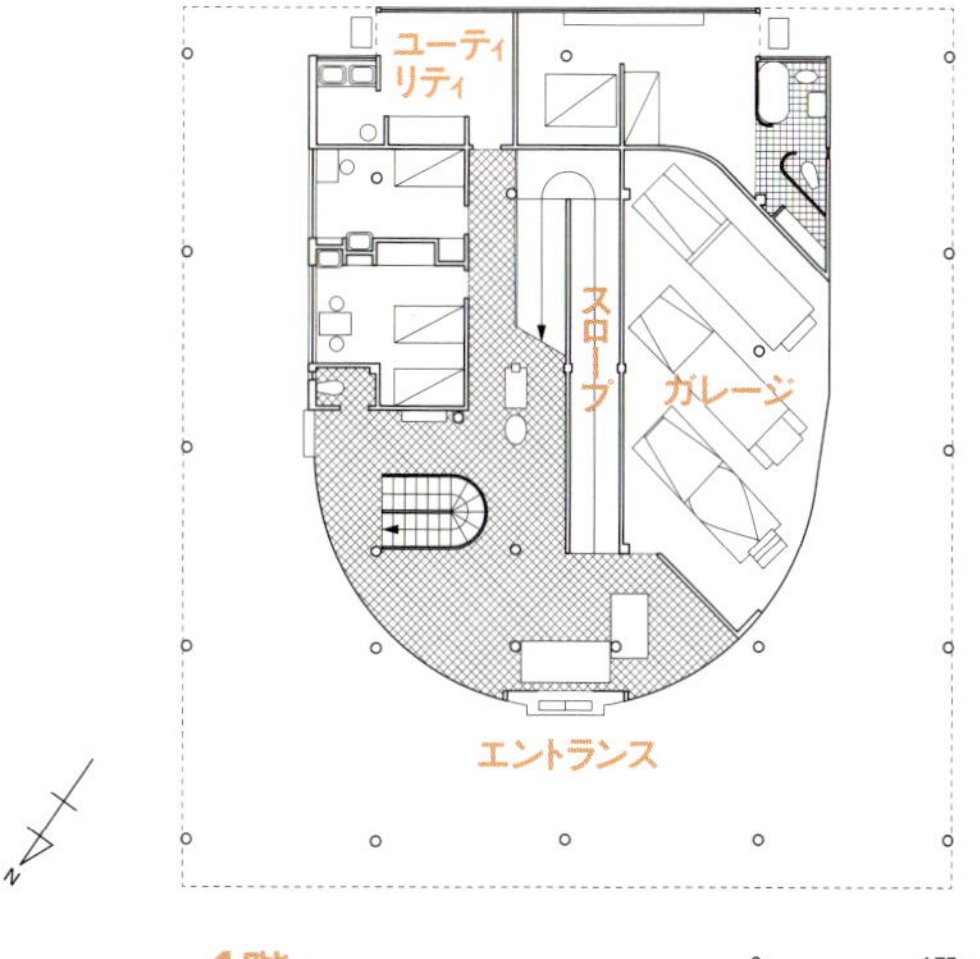

1階

0　4.75m

南に面したガラス窓からたっぷりと光が注ぐ、2階の居間。写真の右側から正面、そしてそのまま屋外のフレームへと連続してゆく窓の構成が出色で、この空間の爽快さは、「水平連続窓」の表現があってこそ。室内に置かれた家具もすべてル・コルビュジエの作品。
撮影＝藤塚光政（～51頁）

１階から２階、そして屋上へと連続するちょっと迷路めいたスロープに導かれるようにのぼってゆくと、降り注ぐ光の下に連れ出される。ル・コルビュジエの心憎い仕掛けである。

スイス・レマン湖のほとりに、ル・コルビュジエが両親のために建てた、小さな家。撮影＝新建築写真部（〜56頁）

3

私のなかのル・コルビュジエ

水辺に住まう

スイス・レマン湖のほとりに、ル・コルビュジエが両親のためにつくった〈小さな家〉が建っています。年老いたふたりが隠棲するための住宅として1923年に計画されたもので、ちょうど「住宅は住むための機械である」という有名なフレーズを書いた年にあたります。この挑戦的な言葉は、そのインパクトゆえにいつも誤解を招きますが、「機械」とはあくまで人間らしく〝住まう〟ための機能、もっともすぐれたムダのない空間を意味しているのだと私は思っています。

確かに、この小住宅でも必要最小限の床面積でいかに暮らしよい住まいをつくるかに力が注がれています。奥行4メートル、長さ16メートルという横長の家を、ドアではなく壁でゆるやかに仕切り、居間、寝室、浴室と続く動線にもかなり気を遣っています。が、なんといってもすばら

両親の終の栖となった、この家の横長のリボン・ウィンドウからは、湖とアルプスの山々を眺めることができる。

しいのは、湖をのぞむ南側に穿たれた長さ11メートルもの窓。リボン・ウィンドウと呼ばれるこの開口部からは、青々としたレマン湖、そしてその向こうに連なるアルプスの雄大な山々をのぞむことができます。奥行のない小さな住宅に広がりをもたせる仕掛けになっているのです。

ル・コルビュジエが後年、この住宅について書いた『小さな家』という本によると、まず家のプランが先に決まっていて、それから敷地を求めてあちこち見て歩いたそうです。そして見つけたのが「まるで手袋に手を入れるようにぴったりとしていた」このレマン湖畔の土地でした。

私は2003年、西神戸の海岸に狭小住宅〈4×4の住宅〉を建てました。海の中まで敷地という変わった土地で、家を建てることが出来るスペースは奥行6メートルほどでし

安藤忠雄による水辺の家「4×4の住宅」。神戸市垂水区

「4×4の住宅」から瀬戸内海を眺める。向こうに見えるのは淡路島。

た。また交通量の多い国道とも接しており、その脇にはJRの線路もあったため、プライバシーや騒音の問題をクリアする必要もありました。

建物は、4メートル角の4階建です。1階に浴室、洗面所、トイレがあり、2階が寝室で、3階が書斎。居間とキッチンのある4階部分は、前後左右に1メートルずつ下の階からずれて、海に向かってせり出しています。

道路側は極力開口部を抑え、居住者の生活を守るようにしました。その一方で、海に飛び出した4階の大窓からは、瀬戸内海はもちろん、明石海峡大橋、淡路島まで見渡すことができます。目の前に広がる自然を、すべて借景として取り込むことで、空間の広がりを感じさせようとしたのです。空間の大きさは、建築の大きさではありません。

もう一言加えるなら、ル・コルビュジエがアルプスの山々を背景に湖が広がる敷地に惹かれたように、私もまた、１９９５年の阪神淡路大震災以降、復興計画に取り組んできた淡路島や、植樹運動「オリーブネットワーク」を続けてきた島々が浮かぶ瀬戸内海が見えるこの土地に、言いしれぬ魅力を感じたのでした。

現在、この家のすぐ隣の敷地で〈続4×4の住宅〉ともいうべき、プロジェクトが進行中です。

今年の春に、「私にも〈4×4の住宅〉をつくってくれないか」という変わったクライアントが現れたのです。どうせつくるなら、すぐ隣の敷地に、ただし素材を木にしてつくらないか、と提案したところ、それがそのまま通ってしまった。対の形をつくることで、建築の意図がより強まることを期待しています。

また、スケール的に手触りを楽しめる距離感の家でもあるので空間を囲う壁の素材感が非常に重要になってきます。そこに木を用いることで、何か新しい発見が出来るのではないかという思いもあります。機能やコスト、技術など考えるべき問題はたくさんありますが、何とかイメージどおりのものを実現させたいと、奮闘しています。

「4×4の住宅」の隣では、ただいま「続4×4の住宅」プロジェクト（写真右）が進行中。上はイメージ模型。
写真提供＝安藤忠雄建築研究所

建築家が長年の夢をかなえた、それ自体がひとつの都市であるような集合住宅ユニテ・ダビタシオンは、半世紀を経たいまも人々の暮らしの場である。
Photo:Philippe Ruault

Unité d'Habitation, Marseille

ユニテ・ダビタシオン、マルセイユ

1945-1952

集まって住む夢

連続するこの巨大なピロティ（支柱）が、建物を
力強く持ちあげ、大地の呪縛から解放している。
コンクリートの荒々しい肌が実にたのもしい。
撮影＝二川幸夫（～63頁）

屋上には、一転して、素晴らしい眺めがひろがる。プールで遊ぶ子供たちのにぎやかな歓声が、青空に吸いこまれてゆく。

第1次世界大戦につづき、第2次大戦を経験したことは、ル・コルビュジエにとっては幸運でした。

戦時中は、仕事の上では停滞期にあたります。開戦前の1930年代後半からほとんど仕事らしい仕事のなかったこの人、ナチスの傀儡《かいらい》ヴィシー政権の建築委員に就任し、大はりきりで都市計画に挑んだりしますが、それもあえなく却下の憂き目に。1942年からの2年間はパリでもっぱら絵を描いたり著述に専念したりして過ごしました。ほとんど隠遁生活といっていい。でもこの休養こそが、戦後1950年代からふたたび怒濤のような活躍をみせるエネルギー源になったにちがいありません。作家でも休筆したりするでしょう？　ものをつくる人間には、ときに休んで力を貯めることも必要なのです。

マルセイユの集合住宅ユニテ・ダビタシオン（住居単位）は、そんな休養充分の建築家が、戦後を迎えて最初に取り組んだ大仕事です。

1945年、フランス復興省はマルセイユ再開発にともない、ル・コルビュジエに集合住宅の設計を依頼します。実現したのは1棟だけですが、当初は3棟のプランでした。ル・コルビュジエは20代の頃から、「集まって住む」ということを自らの主題として、集合住宅の新たな形式を模索しつづけてきました。1920年代には、シトロアン住宅を発展させた高層集合住宅による壮大な

ユニテ・ダビタシオンの構造をわかりやすく図解すると、こんな具合だろう。建物の骨組のなかに、L字型の細長いユニットを両側からさしこむようにしてできている。イラストレーション＝川上和生

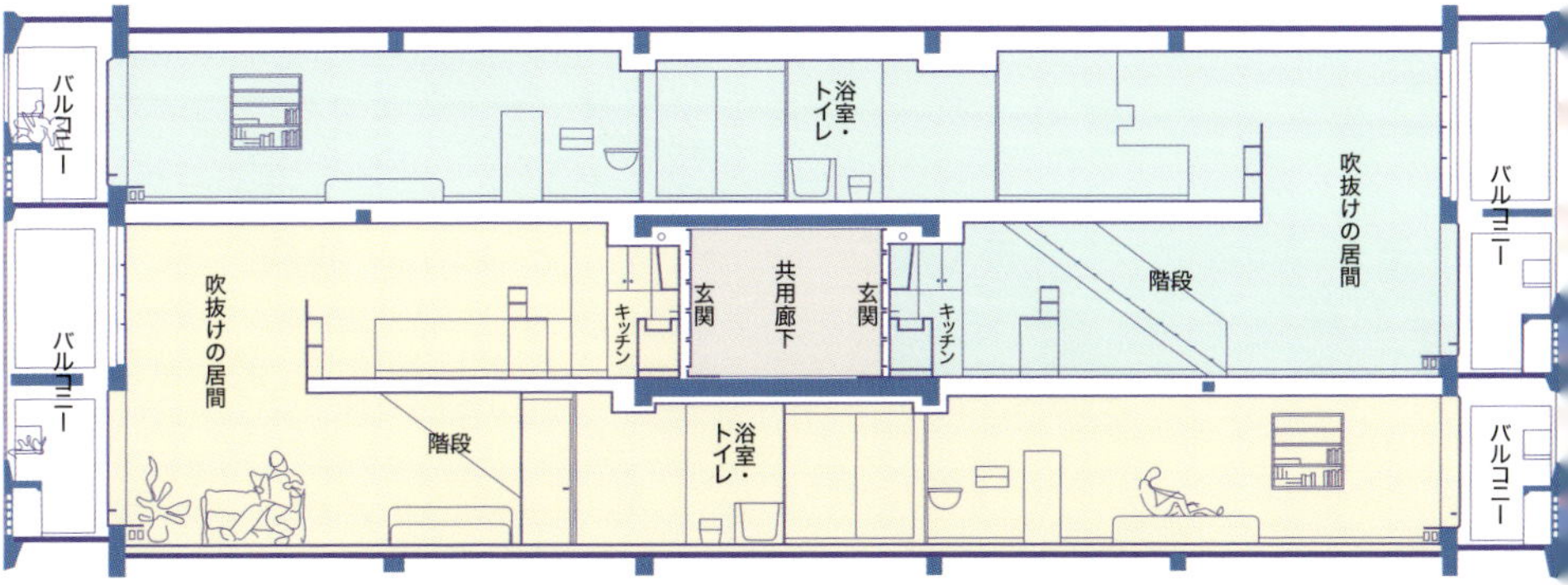

ユニテ・ダビタシオンとは、「住居単位」の意味。上の断面図がこの集合住宅の住居単位である。ともに吹抜けをもつ、2種類のメゾネット住居（色分けした部分）を上下に組み合わせたもので、共用の廊下からそれぞれの室内に入る構造。図版は、ル・コルビュジエ財団所蔵の図面をもとにしている。作図＝下里晃弘

ユニテ・ダビタシオンの住居内部。吹抜けから居間を見下ろす。住人は、最上階の幼稚園の初代園長を務めた女性。撮影＝平地勲

都市計画を提案してもいます。このマルセイユのプロジェクトによって、ようやくそれを現実化するチャンスを得たわけです。

それにしても、いつまでもあきらめずに闘いつづけるこの持続力はどこからくるものなのでしょうか。私自身、建築において自らの思いを実現させるということがいかに長期間にわたる忍耐を必要とするか、経験的によくわかっていますから、そんなところにもル・コルビュジエの偉大さを感じるのです。

もっとも、長年のパートナーであった従弟のピエール・ジャンヌレの姿は、この重要なプロジェクトのなかに、なぜか見あたりません。戦争中、あくまで建築をつくることにこだわってヴィシー政権に近づいたル・コルビュジエとは逆に、ピエールはレジスタンス運動に参加する道を選んだことで、ふたりは決別していたのです。

ル・コルビュジエは、かつてない理念をユニテ・ダビタシオンのなかに盛りこみます。ピロティ（支柱）で持ち上げられた鉄筋コンクリート造17階建の建物には、独身者用から大家族用まで23タイプ337戸の住戸に加えて、食料品店やレストラン、郵便局、ホテルまでもが併設され、最上階には保育園、屋上にはプール、体育館、日光浴室といった共用施設が組みこまれました。それはまさにひとつの都市でした。

住戸の集合の仕方も独創的でした。ジャングルジムのように組まれた鉄骨のなかに、横に長くのびたかっこうのシトロアン住宅がひとつひとつはめこまれてゆくのです［64頁］。断面で見てみますと、L字型のユニットが交互にかみ合わさっているのがわかるでしょう？　その真ん中に空いたスペースが共用の通路になっていて、そこに面した玄関を入る構造です［65頁］。

住居にはふたつのタイプがあります。ひとつは玄関と同じ階に居間があって上が吹抜けているタイプ。もうひとつは玄関を入ると1階分下に向かって居間が吹抜けになっているタイプです。どの住戸も極端な横長で、その両端が必ず外に面しています。ル・コルビュジエは、太陽光線について考えぬいた結果、日本では盲目的な信仰と化している南向きをやめました。すべての部屋にできるだけ長い時間、光が入るためには、建物が東西に抜けていて、その両端に大きな窓がある方がよいという結論に達したのです。しかもその窓は、ブリーズ・ソレイユになっています。ブリーズ・ソレイユとは、屋根のついた奥行のあるバルコニーのようなものだと思ってください。真夏には強い太陽光線が部屋を直撃するのを防ぎ、冬には低い角度で差しこむ暖かい陽光を得ることができるのです。

充電を経た建築家の圧倒的な構想

ユニテ・ダビタシオンの特徴である奥行の深い、屋根つきバルコニー「ブリーズ・ソレイユ」は、ル・コルビュジエの得意技だった。「太陽を打ち砕く」という意味の通り、夏の強烈な陽射しをさえぎり、冬の暖かな光を室内に誘い入れる仕組み。撮影＝矢萩喜従郎力が、この集合住宅にはすみずみまでゆきわたっています。ピロティに支えられた〝都市のなかの都市〟というル・コルビュジエの夢が体現されたこの仕事を見て、モノをつくるのに必要なふたつのことを私はあらためて思い知った気がします。すなわち、何かを求める強い思いと、それを実現させるための理性の力です。

構想に2年、着工から完成までに5年を要したユニテ・ダビタシオンは、その間、激しい反対運動にさらされました。建築家協会は建築法規を遵守していないと抗議し、衛生委員会はこんな建物は精神病の原因になると脅し、美学協会にいたっては建物の取り壊しを求める訴訟を起こしました。設計を依頼した復興省大臣ドートリーの強力な後押しで、建築法規にしばられず自由にやってよいというお墨付きを得ていましたから、やっかみもあったのでしょう。建設の途中、何度も政府がかわり、大臣もかわりましたが、1952年に完成にこぎつけました。この後、ル・コルビュジエは、ナント、ベルリン、ブリエ、フィルミニにも同様のユニテ・ダビタシオンを設計しますが、マルセイユのケースほど思い通りのものはできませんでした。

結局、建築家がいくら孤軍奮闘してもダメなのです。建築というものはサポートしてくれる人なしにはできない。施主と地域社会と技術者と建築家、この関係者みんなでコラボレーションしながらやっていくものなのだとしみじみ思います。

意外に思われるかもしれませんが、ル・コルビュジエは、共同作業をずっとやってきた人です。1940年に袂を分かちはしますが、従弟の建築家ピエール・ジャンヌレとは、18年間いっしょに事務所を構えていましたし、1951年にインド・チャンディガールの都市計画がはじまった頃から再び協働を開始しています。ル・コルビュジエがつくったプランを現実化する際には、ピエールが対外的な交渉や技術的問題を処理していたようです。家具の名作もたくさんつくっていて、それらはシャルロット・ペリアンとの共作です。椅子はほとんどペリアン作といわれていますが、私が彼女に直接聞いた話では、ル・コルビュジエは建築と同じくらい家具の仕事も好きだったそうです。だからコンセプトをル・コルビュジエがしっかり考え、ペリアンが具体的な形にしていったのかなと思います。現代音楽の作曲家クセナキスも音楽に専念する前の1950年代、ル・コルビュジエの事務所で構造設計をしているんですよ。有名な〈ラ・トゥーレット修道院〉にも参加していますし、1958年のブリュッセル万国博覧会では、フィリップス館のパビリオンの設計をほとんどまかされ、その中で演奏する曲までつくっています。

インドで風を見つけた

ル・コルビュジエが生涯に手がけた全住宅の模型を見たとき、もしひとつだけもらえるとしたら、この〈サラバイ邸〉がいいなと思いました。彼の生きてきた証がギュッと凝縮されていて、とても好きな住宅なのです。

　現実の〈サラバイ邸〉は、インド西部のアーメダバードにあります。私がはじめて訪れたのは１９７０年でした。この建物のクライアントだったマノラマ・サラバイさんの姪と私の友人がイェール大学建築学科の同級生だった関係で、見せてもらうことができたのです。ボンベイの北にあるアーメダバードは紡績業が盛んな土地で、サラバイ家は地元の経営者一族でした。ボンベイまで飛行機で行き、その先は車に乗りかえて訪ねていった記憶があります。

　それから10年くらいして、マノラマ・サラバイさんの息子さん夫妻から、ファッションデザイナーの三宅一生さんを通じて、テキスタイルの工場をつくってほしいと頼まれたことがありました。けれど、当時の私

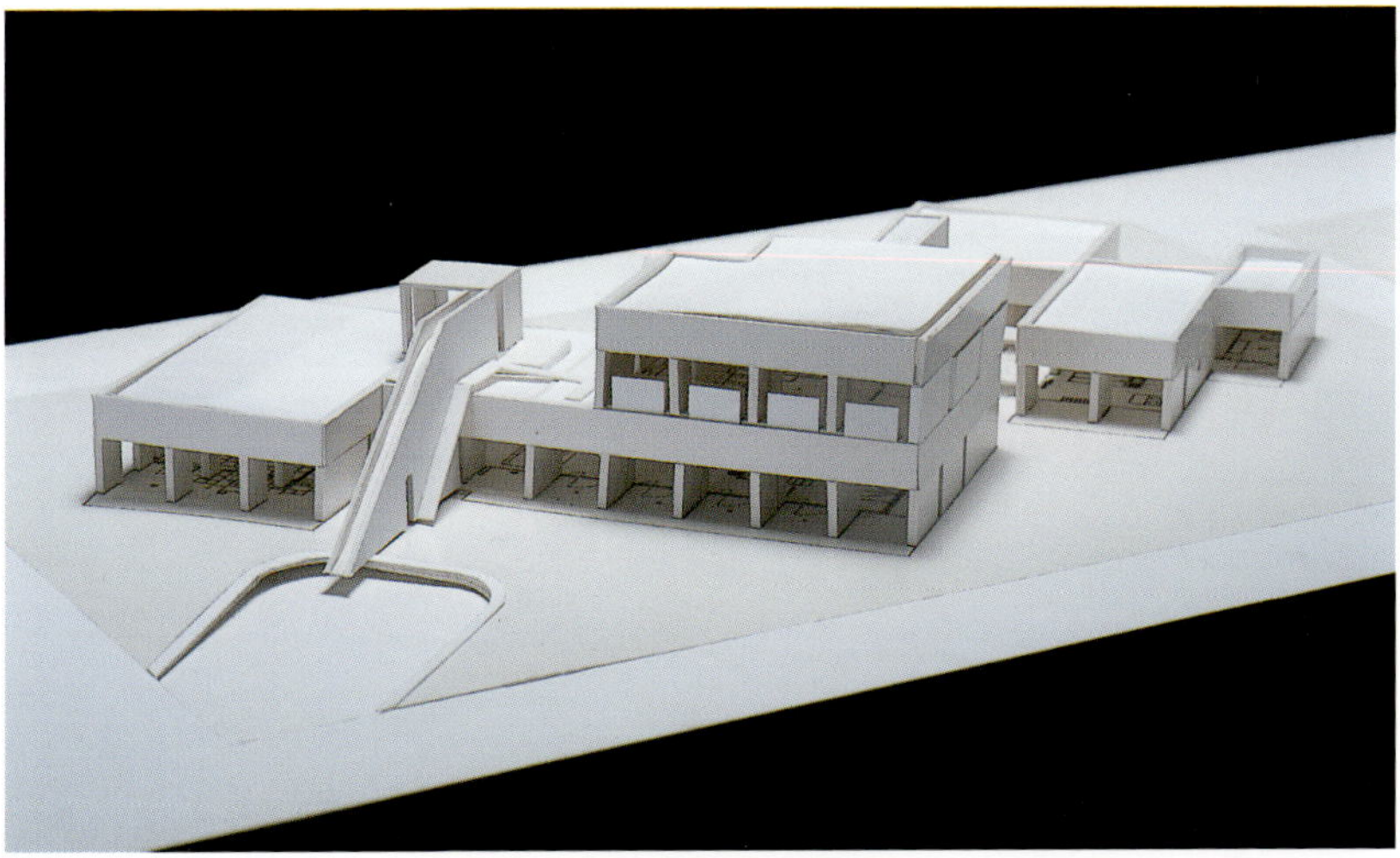

サラバイ邸模型。「この家にはル・コルビュジエの人生が凝縮されている」。撮影＝広瀬達郎

サラバイ邸 1951-1955

Villa Sarabhai

インドの風土を意識してつくられたサラバイ邸は、建物として自己主張するのではなく、風景のなかにとけこむように静かに存在している。
撮影＝二川幸夫（〜72頁）

にはアーメダバードまでたびたび出かけてゆく勇気がなく、残念ながらそのまま話は流れてしまいました。

ル・コルビュジエは、アーメダバードに〈美術館〉〈繊維織物業協会会館〉〈ショーダン邸〉〈サラバイ邸〉と4つの建物をつくっています。今ほど交通機関が発達していない時代、しかも1951年から56年という、すでに老年に入った60代の仕事です。当時、インド政府の招きで北西部パンジャブの州都チャンディガールの都市計画にも着手していましたから、すごいヴァイタリティですね。

インドは、比較的過ごしやすい冬をのぞけば、一年の大半は、気候の厳しいところです。夏場の気温は体温を超え、雨季は洪水に襲われ、乾季には猛烈な埃と深刻な水不足に悩まされます。一般の人々は、冬は家の中、雨季は半戸外の庇の下、夏は昼が木陰や庇の下、夜が完全に戸外、というぐあいに暮らしています。そうしたインド特有の生活のリズムを目のあたりにしたル・コルビュジエは、「アーメダバードは風だ！」と瞬時に察知したのではないか。

未亡人とその二人の息子のために建てられた〈サラバイ邸〉は、曲がりくねった道の先の緑のなかに埋もれるように建っています。が、「人が閉じこめられた感じのしない、玄関のない家が欲しい」というクライアントの要望通り、玄関をつくるかわりに家の前面をすべて半戸外にし、レンガ造のブリーズ・ソレイユをつけました。本来は太陽を避け日陰をつくることが目的のブリーズ・ソレイユは、ここでは屋外と室内を自然に連続させる通路のような役割も果たしています。風がここを通って家の中を走り抜けるように、ブリーズ・ソレイユは風の通り道である北東を向いてつくられています。室内

屋外と室内が自然に連続する、開放的な構造がサラバイ邸の特徴。ヴォールト（丸天井）は、室内を吹きぬける風の通り道でもある。

の天井部分がヴォールト（かまぼこ型の丸天井）になっているのも、やはり風を通すためです。外から見るとちょっとわかりにくいのですが。ちなみに屋根には断熱のために厚く土が盛られています。人間の生活にとって風（通風）というものがいかに大切であるか。空調機器にすっかり任せきりになりつつある現代の私たちが、この建築から学ぶべきことは、けっして少なくないように思います。

　この住宅には、滑り台のついたプールがあるんですよ。「君たちの好きなものを教えてほしい」とサラバイ家のこどもたちにたずねたときに見せられた絵本から思いついたアイディアだそうです。なかなか楽しみながらつくっていますよね。

〈サラバイ邸〉は、ル・コルビュジエが「近代建築5原則」に象徴されるようなコンセプト中心の理性的な住宅を捨てて、インドという風土でしか生まれえない土着的な要素を取りこんだ仕事だといえるでしょう。その地方の土の匂いを感じさせるという意味では、17歳のときに故郷ラ・ショー＝ド＝フォンでつくった、あの山荘《シャレー》風の住宅に回帰したような印象さえ受けます。

　1945年、ル・コルビュジエは「近代建築の革命は完成した」と述べています。それは、この人なりの〝芸術家宣言〟であったのだと私は受けとめているんです。ドミノ・システムに始まり、〈サヴォワ邸〉に代表される戦前の一連の箱型住宅にいたる〝建築革命〟を終え、〝建築芸術〟へと移行したル・コルビュジエがつくった住宅が、この〈サラバイ邸〉でした。拾った蟹の甲羅が屋根の形のヒントになったという後半生の傑作〈ロンシャンの礼拝堂〉がつくられたのも、ちょうど同じ頃のことです。

1階の広々としたリビング。床に敷き詰めてあるのは、カダッパというインド産の黒い石。
Photo:Mark Luscombe-Whyte/The Interior Archive

私のなかの**4**
ル・コルビュジエ

光の建築

薄闇のなかに浮かびあがる十字架が、光の教会に集う人々の心をひとつに束ねる。撮影＝新建築写真部

一年の半分近くを雪に閉ざされるスイスのラ・ショー＝ド＝フォンで生まれ育ったル・コルビュジエは、生涯、光にこだわり続けました。石造建築の小さな縦長窓が大嫌いで、壁いっぱいの横長窓を考案し、太陽の動きを研究することで集合住宅でも一日中光をとりこめるよう心を砕き、強すぎる太陽にはブリーズ・ソレイユで対応し、そして〈ロンシャンの礼拝堂〉では、芸術的な光の処理をなしとげました。

１９８９年、私は〈ロンシャンの礼拝堂〉と同じくキリスト教の宗教施設である〈光の教会〉を、大阪・茨木市につくりました。予算等とても厳しい条件の下で、私なりの光の

床の上に映し出された十字架は、光の刻印のようでもある。
撮影＝松岡満男

空間を試みた建物です。最初のイメージは暗闇に浮かびあがる光の十字架でした。〈ロンシャンの礼拝堂〉の色あざやかで豊かな光に対し、〈光の教会〉では出入口以外の開口部を限定して、十字にうがたれたスリットからの光だけが浮かびあがるようにと考えました。ロンシャンの降り注ぐ光の洪水による神々しさとは違った、一筋の象徴的な光の十字架によって、教会に集い、祈りを捧げる人々の心がひとつになればと思ったのです。

　余計な装飾は何もない、とても小さな建築ですが、光が人間の心に働きかける力についてあらためて考えさせられた、私にとって重要な仕事です。

20世紀の遺跡

Chapelle-Notre-Dame-du-Haut

1950-1955

ロンシャンの礼拝堂

スイスとドイツの国境に近いフランス東部の村ロンシャン。ここの丘に建つ礼拝堂を訪れたときの衝撃は、今でも忘れることができません。1965年、はじめての渡欧のときのことです。

　山道をのぼり、視界が開けるにつれ、稜線からむっくりともりあがったような、なんとも奇妙なコンクリートの塊が姿を現わしてきました。白い湾曲した壁が大地から立ちあがり、その上にはでっぷりとせりだした屋根がのっかっています。

　中に入ったとたん、壁のあちこちに穿たれた大小さまざまの窓から、光が襲いかかってきました。色ガラスを通して床に激しく落ちてくる赤、青、黄、緑の暴力的な光の洪水に、目が眩み、立っていることができないほどでした。それまで日本で暮らしてきて、このように上方より降り注ぐ光、それも色のついた光など、体験したことがありません。

　あまりの強烈さに、私は1時間といられず、外へ逃げだしました。翌日も同じでした。3日目、やっとその激しさのなかにたたえられた神々しさを感じることができました。それは建築家の計算というよりも、芸術家の無意識の掌から奇跡のように生まれた光の彫刻かと私には思えたのです。

　建築という仕事は、クライアントの具体的な要求や経済的、技術的条件などいくつもの要素を理性的に整理し、まとめあげていくものです。建物にさしこむ光の質や、その空間に身を置いたときの気分などといった漠然とした要素は、ほとんど問われません。しかし、〈ロンシャンの礼拝堂〉を訪れてこの空間のなかに立つたびに、ただ光だけを追求することでも建築は可能なのだということを、まざまざと思い知らされます。私が今にいたるまで追求しつづけてきた〝建築の光〟という主題、それに啓示を与えてくれたのが〈ロンシャンの礼拝堂〉でした。

ロンシャンの村から、小高い丘を見上げる。
緑のなかに、礼拝堂が顔をのぞかせている。
撮影＝藤塚光政（〜81頁）

同じ代表作ながら、サヴォワ邸と見比べると、
〝芸術家〟ル・コルビュジエが爆発している。

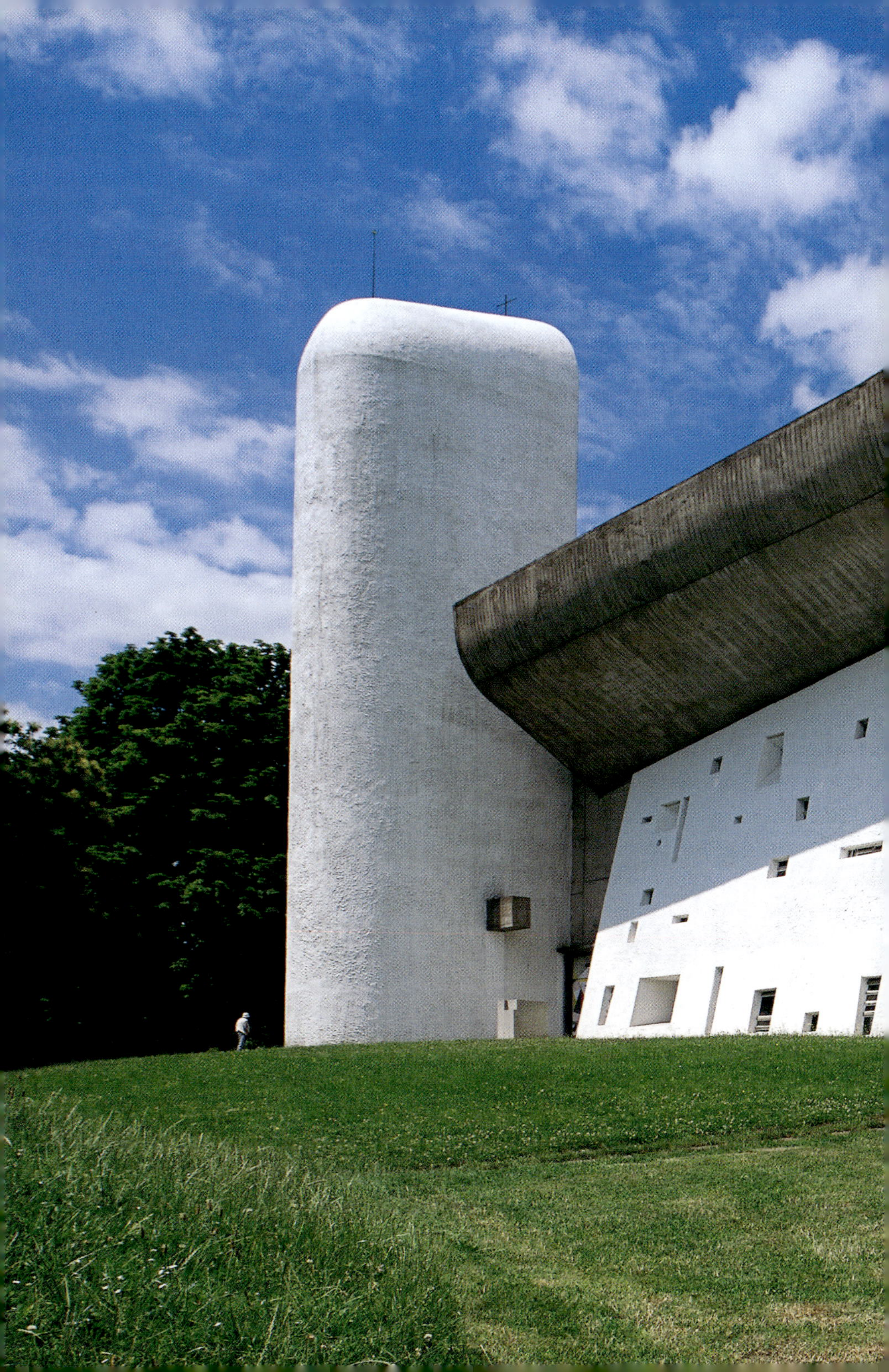

壁に穿たれた大小さまざまの窓から降り注ぐ強烈な光に「たまらず外へ逃げだした」。©FLC

窓にはめこまれているのは、赤、黄、緑などの色ガラス。そこに描かれた文字や絵も、ル・コルビュジエの手になるもの。撮影＝藤塚光政（左頁も）

塔からさしこむ光が、やわらかな曲面に陰影をあたえるさまは、エロティックですらある。

毎年2回、ロンシャンの丘には1万人以上の人が集まり、祈りを捧げます。古来から巡礼の地として信仰をあつめてきたこの場所は、国境に近いため、たびたび戦火にさらされてきました。第2次大戦の際にも礼拝堂が大きな打撃を受け、そこでル・コルビュジエのところに再建の依頼がきたというわけです。後押しをしたのは、ル・コルビュジエ晩年のもうひとつの傑作〈ラ・トゥーレット修道院〉にもかかわったクチュリエ神父。コスト、機能、技術、さらには社会的情勢など、建築にはさまざまな要件が複雑に絡みあうのが常ですが、この仕事に関しては、ミサを行うための空間であること以外、条件は何もありませんでした。

　1950年、ル・コルビュジエは、はじめてロンシャンへ敷地を見にやってきました。丘の上に立ったとたんにふつふつとイメージが湧いたようで、フリーハンドで何枚ものスケ

ロンシャンからさほど遠くない、スイス、ドルナッハの丘には、ルドルフ・シュタイナーが手がけた異色の建築、第2ゲーテアヌムがある。礼拝堂の設計にあたり、ル・コルビュジエはこの有機的な形態を大いに参照したことだろう。撮影＝西森秀一

ッチを描いています。一方で、さまざまなものにアイディアの源泉を求めました。独特な屋根のかたちは、かつてロングアイランドの海岸で拾った蟹の甲羅から生まれたものですし、内部空間に光をどうとりこむかについては、20代で訪れた古代ローマの遺跡がヒントになったと語っています。ロンシャンからそれほど遠くないスイスとの国境を越えたドルナッハの丘には、神智学者ルドルフ・シュタイナーのつくったゲーテアヌムという異様な建築があって、ル・コルビュジエはここにも何回も足を運んだといわれています。数年前、ゲーテアヌムを見る機会があったのですが、「うーん、なるほど」と私は唸ったものです。

　ル・コルビュジエは、なにも歴史ばかりに学んでいたわけではありません。意外なことに、自分と同時代の建築家たちの動向にも強い関心を示していたらしい。たとえば、ピエール・シャローが設計した〈ガラスの家〉というユニークな住宅がパリにあるのですが、ル・コルビュジエはその工事現場にしばしば足を運び、こっそり覗き見ていたといいます。おそらくミース・ファン・デル・ローエやリートフェルトといった人たちの仕事にも注意をはらい、ときにはその影響を受けながら、自分のスタイルを確立していったのではないでしょうか。

　創造とは、ゼロから生まれるものではない、私はそう思っています。大切なのは、自分の世界に閉じこもることなく、常に周囲にアンテナを広げておくことです。

〈ロンシャンの礼拝堂〉は、設計計画をまとめるのに3年を要し、1953年から着工、2年後に完成しました。白い箱型の理性的な住宅とは似ても似つかない、巨大な彫刻とでもいうべき建築の出現に、世間は驚愕しました。このときル・コルビュジエ67歳。老大家として、これまでの路線の延長上でのんびりとやってゆけばいい年齢の建築家が、なぜかくも大胆な変貌をとげたのでしょうか？

　ル・コルビュジエは、20代の頃から絵画の制作を欠かさなかった人です。午前中は絵を描いたり文章を書いたりして過ごし、事務所に来て建築の仕事にとりかかるのは午後でした。第2次大戦中の、まったく建築をつくっていない時期でも、ヴァカンス先でひたすら絵を描いていたそうです。こうした芸術家的な一面が、晩年のこの〈ロンシャンの礼拝堂〉で爆発的に開花したに違いありません。

　結局、ル・コルビュジエが探し求めていたものは、冷たい理性的な建築ではなく、力強くいのちを感じさせる建築だったのかなと思います。最終的にそこにたどりつくために、何十年もの間、自分の中での絶え間ない闘いを続けてきたのではないでしょうか。〈ファレ邸〉を出発点に、ドミノを考案し、パリに出て白の箱型住宅をつくり、ユニテ・ダビタシオンで小都市計画を試み、アーメダバードの〈サラバイ邸〉で土着的な住宅に回帰し、ついに〈ロンシャンの礼拝堂〉で力強いいのちのかたまりのような建築を生み出すにいたりました。

20世紀の遺跡として遠い未来に残るものは何だろう？　ときどきそんなことを空想します。それはたぶん、ミース・ファン・デル・ローエでもフランク・ロイド・ライトでもなく、建築を通じて人間の存在そのものを問いつづけたル・コルビュジエの仕事だろうと思います。なかでも、その思考の軌跡の集大成といえる〈ロンシャンの礼拝堂〉は20世紀を代表する建築として、何世紀も語りつがれてゆくことでしょう。そう、アクロポリスの丘にそびえるパルテノン神殿のように。

もともと画家でもあったル・コルビュジエは、若い頃から絵筆を手放したことがなく、60歳頃からは彫刻にもチャレンジしていた。そんな芸術的資質を結晶させた建築が、ロンシャンの礼拝堂だった。
上から、《カテドラル》　1965年／《雄牛　II》　1928〜53年／《イコン》第1試作　1963年
撮影＝松藤庄平（3点とも）　©FLC*

ル・コルビュジエの彫刻作品は、家具職人の手を借りて
自らの絵画を立体化するものだった。1954年
撮影＝ルシアン・エルヴェ　ギャルリー・タイセイ所蔵
Research Library, Getty Research Institute,
Los Angeles（2002.R.41）

私のなかの 5
ル・コルビュジエ

建築は、勇気である

どんなに小さくても、大きな可能性をもっているのが住宅のおもしろさだと思います。ル・コルビュジエの、あの8畳しかない簡素なカプ・マルタンの休暇小屋がそのことを雄弁に語っています。どこをとってもこの人らしさが出ているでしょう。逆にいうと、小さい住宅であればあるほど、建築家のテーマとメッセージが厳しく問われるのです。ただ単純に使い勝手やコスト、見た目のバランスばかりを優先した、テーマもメッセージもない小さい住宅はみじめなだけです。

　私が1975年に設計した〈住吉の長屋〉も極端に狭い住宅です。間口3・3メートル、奥行14・1メートルというただでさえ小さなコンクリートの箱を、さらに3等分し、真ん中の部分をポンと切り取って中庭にしました。部屋から部屋へ移動するためには、必ずこの中庭を通らなくてはいけない。雨が降ったらわざわざ傘をささなければならない。実に面倒です。けれど、天気のいい日には、思いがけない開放感が家のなかに生まれます。狭くても豊かな住

安藤の初期の代表作、住吉の長屋。この家の中庭には、屋根がない。それを不便と嘆くか、それとも楽しんでしまうか。「この場合、住み手に勇気があった」。
撮影＝新建築写真部

宅をつくりたいと願い、小ささというテーマとがっぷり四つに組んだ結果、できた家でした。

現在も、文字通り都市の隙間の、狭小な敷地に建つ極小住宅の設計を進めています。限られたスペースの中でひとつの家族の生活をすべて受け止めようとするわけですから、本当にむずかしい。けれど、このような厳しい条件の仕事でこそ意外に新しいアイディアが生まれたりもします。建築の仕事に関わるかぎり、こうした小さな住宅の設計は続けてゆくつもりでいます。

建築というのは、いや、そもそもモノをつくるということは、知識や創造力も大事ですけれど、新しいことに挑戦する勇気があるかどうか、そこで決定的な差がでると思います。これでいい、これでいこうという勇気。ル・コルビュジエにはそれがあります。〈住吉の長屋〉についていえば、私ではなく、住み手に勇気がありました。

東京大学建築学科で学生たちを教えたときにつくづく思ったのですが、もともと建築家という職業はほとんど食えない。なのにそれを目指す学生があとを絶たないのはなぜか？

建築家の仕事は、家を建てたいというクライアントの切なる願いを、具体的な形で表現してゆくものであり、それは経済的なデメリットが少しくらいあってもしょうがないと思えるだけの喜びを与えてくれるんですね。彼ら学生たちも、きっとそのことに気づいているのでしょう。ならば、たとえ公園で寝泊まりするようになってもいい、自分のやりたいことに挑戦した結果なんだから！　建築家を目指すからには、せめてそれぐらいの勇気は持っていてほしいものです。

住吉の長屋外観。軒を接して並ぶ長屋のなかに衝撃的に登場したコンクリートの極小住宅は、意外や、周囲になじんでいる。
写真提供＝安藤忠雄建築研究所

ル・コルビュジエの終の栖、カプ・マルタンの休暇小屋の模型を手にする安藤忠雄。200分の1サイズだと、掌のなかに隠れそうだ。
模型制作＝鈴木丈晴　撮影＝広瀬達郎

闘う巨匠を癒す場所

カプ・マルタンの休暇小屋

Cabanon
Le Corbusier

1951-1952

南仏ニースからほど近い町カプ・マルタン。その、地中海を見下ろす崖に小さな丸太小屋が建っています。

広さ3・66×3・66メートル、高さ2・26メートルというこの極小サイズの住居こそ、17歳のときから住宅をつくり続けてきたル・コルビュジエの、〝終の栖〟となった家でした。学生がつくった200分の1サイズの模型になると、親指ぐらいの大きさです。

この休暇小屋は、ル・コルビュジエが〈サラバイ邸〉や〈ロンシャンの礼拝堂〉の設計にとりかかった頃、ちょうど建築における〝革命家〟から〝芸術家〟へと転身しようとする時期に建てられました。

丸太を1本1本組み上げたように見えますが、実はそうではありません。プレハブ工法でつくられ、丸太の表面を削った板を外壁にはりつけてあるだけ。しかも内部はベニヤ張りです。いたって簡素なつくりのこの小屋は、「モデュロール」という独特の寸法体系に沿ってつくられています。

モデュロールとは、人体に則した寸法システムのことで、理論武装好きのル・コルビュジエが、自らの作品を秩序だてる武器として考案したものです。

この四角い簡素な小屋は、人間にとって住むことの意味を追求してきたル・コルビュジエが、最小限のスペースのなかでの快適さを自分の身体をつかって確かめようとした、一種の実験場でもあった。
撮影＝小野祐次

上半身裸で机に向かって作業中のル・コルビュジエ。休暇小屋の外には、地中海をひとりじめするロケーションが広がっていた。撮影＝ルシアン・エルヴェ Research Library, Getty Research Institute, Los Angeles（2002.R.41）

休暇小屋内部。3.66メートル四方、天井高2.26メートルというのは相当に小さいが、建築家自身の手で、家具のしつらえやレイアウトなど、さまざまに工夫が凝らされている。撮影＝小野祐次

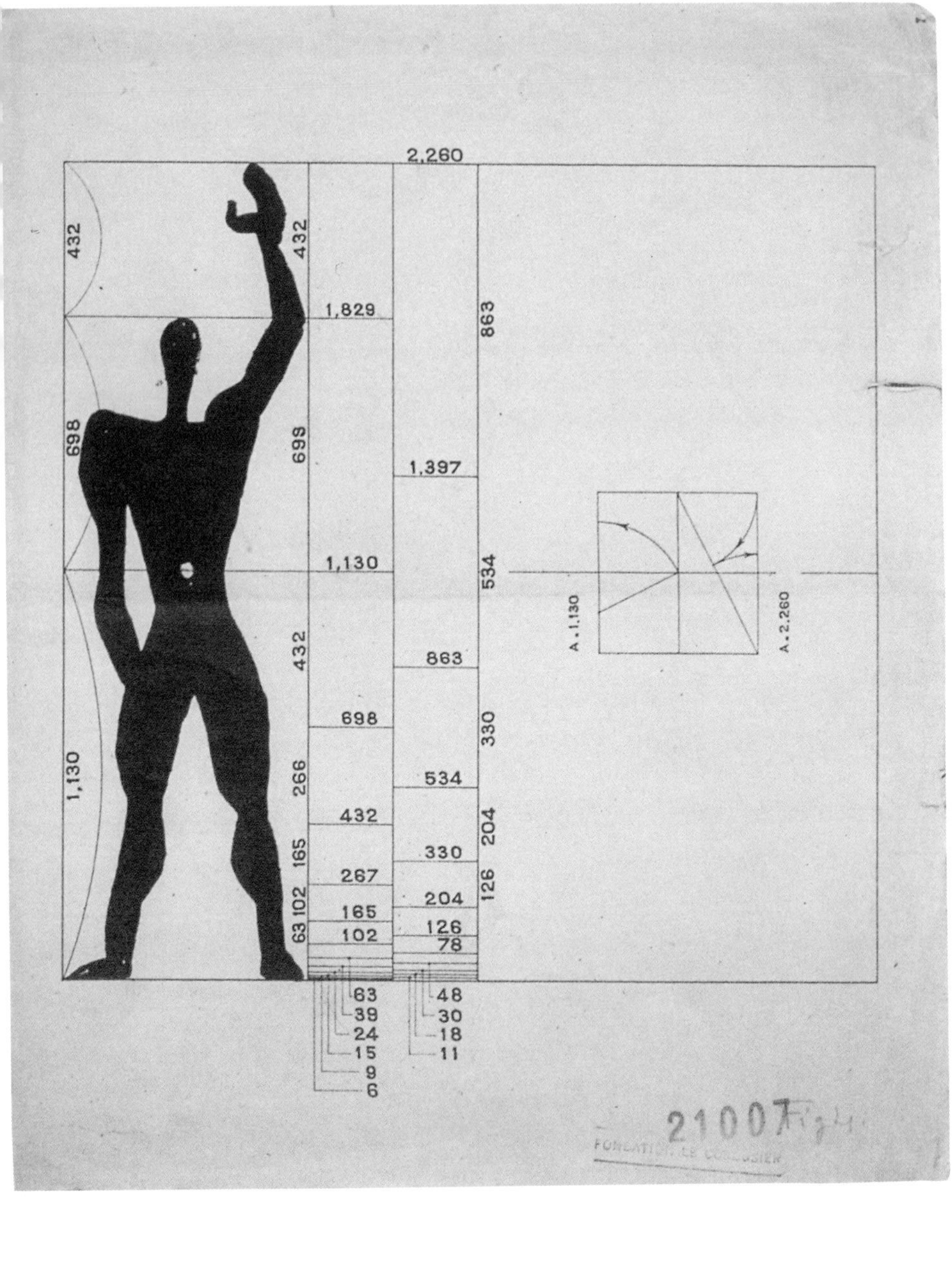

ル・コルビュジエが考案した寸法体系「モデュロール」は、身長183センチの人間を基準にしている。©FLC*

基準となるのは身長6フィート（183センチ）、臍《へそ》までの高さが113センチの人間。その人が腕を上に伸ばしたときの高さ2・26メートルが、1部屋の基本寸法と定義されました。この休暇小屋の高さがまさにそうです。小屋自体の大きさだけでなく、正方形の小さな窓の寸法、ベッドや机の位置など、隅から隅までモデュロールにのっとって追求した居心地のよさ。この休暇小屋は、胎内空間のようなものではなかったかと思います。

1930年代後半から、カプ・マルタンにあった知人の別荘をたびたび訪れていたル・コルビュジエは、風光明媚なこの土地がすっかり気に入ります。しかも地元の「ひとで食堂」という店の親父と意気投合、加えて妻イヴォンヌの故郷にも近い——とまあ三拍子揃ったところで、「ひとで食堂」の隣りに、自分用の夏の別荘をつくることにしたのです。

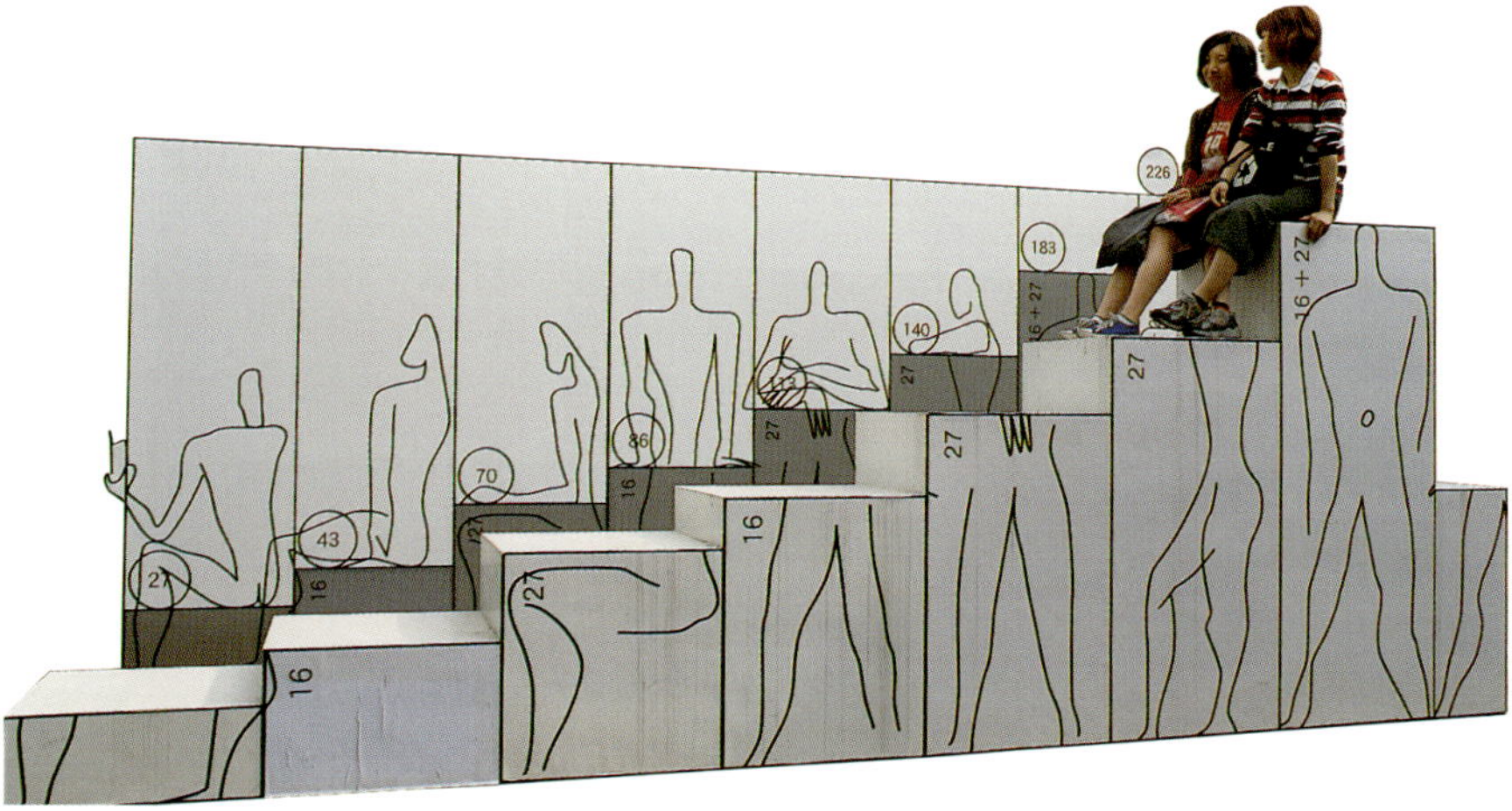

「住宅のル・コルビュジエ」展会場でのモデュロールの展示。撮影＝広瀬達郎

1951年のことです。

ル・コルビュジエは大変な愛妻家でした。結婚はフランス国籍を取得した1930年。43歳と晩婚でした。妻イヴォンヌとの間に子供はいませんでしたが、自分が子供のようなものでした。イヴォンヌは、この建築家をどやしつけアゴでこき使うことのできる唯一の女性だったといいます。陽気で、ブイヤベースを作るのがとびきり上手な彼女は、およそ前衛建築家の妻というイメージからは遠い人だったようですが、ル・コルビュジエにとってはかえって心休まるパートナーだったのでしょうね。

毎年夏になると、ル・コルビュジエは妻を伴い、地中海を一望できるこの8畳大の小屋を訪れました。仕事もできるようにと、休暇小屋の約10メートル先には、工事現場用のバラックを転用した4畳のアトリエをつくり、机と椅子がわりの木箱が海の見える場所に置かれてありました。

仕事部屋のル・コルビュジエ。水着姿で作業中のようだ。壁に貼りめぐらされているのは、自作のスケッチ。©FLC

現在の仕事部屋。机と椅子だけでほかには何もない。椅子はウイスキーの箱にペイントしたもの。

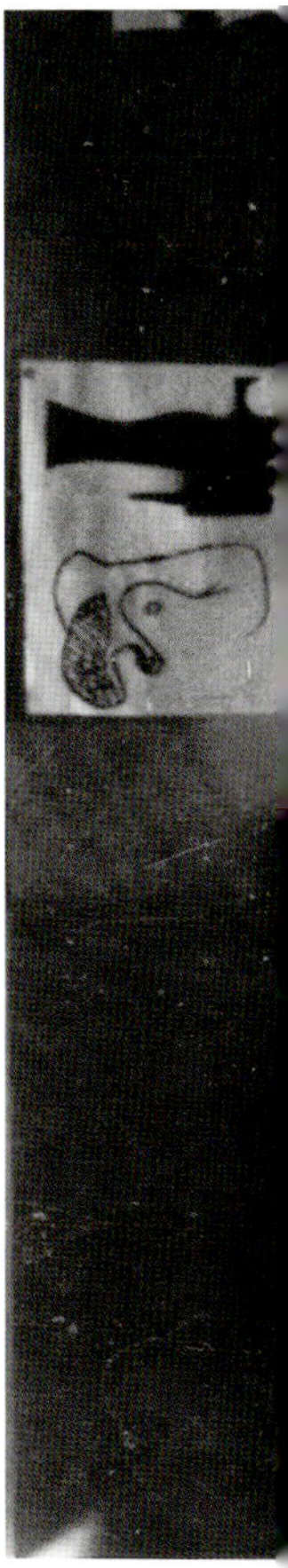

休暇小屋のすぐそばに、仕事部屋もつくった。広さ4畳ほど、工事現場用のバラックを転用した、さらに小さく粗末なものだった。
撮影＝小野祐次（〜104頁）

ル・コルビュジエが愛妻イヴォンヌとともに眠るのは、故郷ラ・ショー＝ド＝フォンでも、パリでもなく、カプ・マルタンの見晴らしのいい丘の上。墓は、生前に本人がデザインしたもの。

カプ・マルタンでのヴァカンスは、次なる闘いに備えて思索を深める充電の時間でもあったのでしょう。

１９６５年８月27日、休暇小屋の前の海岸で遊泳中に急死するまで、この習慣はくりかえされました。享年77、死因は心臓麻痺といわれていますが、自殺ではないかという説が今もあります。１９５７年に27年間連れ添った妻イヴォンヌが、１９６０年に母が１００歳で亡くなります。愛する者を相ついで失ったことで、ル・コルビュジエはすっかりふさぎこんでいたといいます。しかも亡くなる直前には、20代の大旅行の膨大な記録『東方への旅』を本にまとめる決心をし、自ら編集作業をすべて終えているのです。まるで遺書代わりにとでもいうように。何よりも海を愛した男だったので、陸ではなく、海で死ぬことを望んだともいわれています。

葬儀は、ルーヴル宮での国葬となりました。文化大臣だったアンドレ・マルローがフランス文化への貢献者だからと、反対する人々を説き伏せ、自ら葬儀委員長をひきうけて一切をとりしきったのでした。

スイスの山奥から単身パリに出てきたル・コルビュジエは、これまでの常識を打ち砕く前衛建築家として、人生の多くの時間をフランスで過ごしました。新しいことを受け入れるように見えて実は保守的なこの国にあって、ひるむことなく闘い続けたその生涯からは、自分自身をプロパガンダし続ける戦略的でタフな建築家像が浮かびあがってきます。けれど地中海を見下ろす小さな宝石箱のような小屋のなかにいるときだけは、自己演出をする必要のない等身大の人間としていられたのではなかったのでしょうか。

休暇小屋と海を見下ろす丘の上の墓地に、建築家は妻とともに眠っています。

ル・コルビュジエとイヴォンヌ。©FLC

1951年、カプ・マルタンの海に入るル・コルビュジエ。
この14年後、同じ場所で、彼の人生は終わりをむかえた。
撮影＝ルシアン・エルヴェ　ギャルリー・タイセイ所蔵
Research Library, Getty Research Institute,
Los Angeles（2002.R.41）

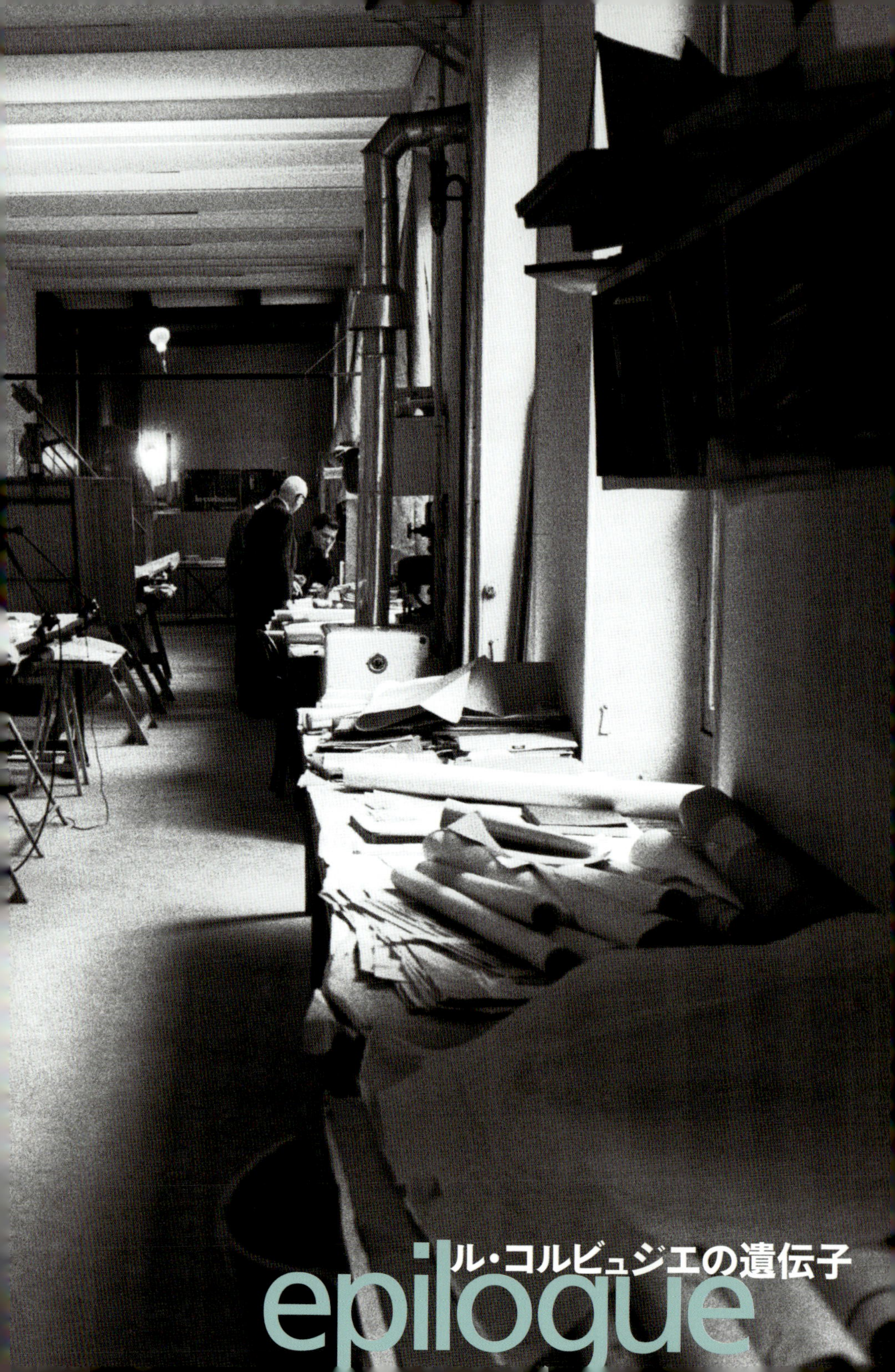

ル・コルビュジエの遺伝子
epilogue

パリ、セーヴル通り35番地にあったル・コルビュジエのアトリエ。ヨーロッパはもちろんインド、日本など世界各地から若者が集まり、学んでいった。1959年
©René Burri/Magnum Photos Tokyo

ル・コルビュジエの最大の遺産とは何か。私は「建築は人間の心に訴える力があり、人々の日常を変えることができる」――そう信じて、建築の可能性を謳い続けた〝勇気〟にあると思っています。

　確かに〈サヴォワ邸〉は、都市住宅のプロトタイプというには、ちょっと過激かもしれません。けれど、〝住まい〟が寝食の場として機能するだけではなく、空間を結び、開き、閉じる〝建築の仕掛け〟によって、日常生活の一コマにドラマをもたらすことを教えてくれます。〈ユニテ・ダビタシオン〉にしても、郵便局や保育園といったコミュニティのさまざまな要素を一個の建築に詰め込むのは、建築家の横暴だったのかもしれませんが、この建築の登場によって、社会を形づくる集住の可能性が切り拓かれました。また、インド北

西部パンジャブ州の州都チャンディガールの都市計画は、いまだ未完成で、ル・コルビュジエの描いた風景は実現されていませんが、日本の都市にはない確かな展望、理想がここにはあります。
　ル・コルビュジエの遺した仕事には建築でしかなしえない「夢」があります。だからこそ私も含め多くの人間が、ル・コルビュジエを追いかけて建築を目指すのです。
　彼が主宰していたパリのアトリエには、世界中から建築を志す若者が集まっていました。建築の世界ではまだその存在すら認知されていなかった日本からも、前川國男、坂倉準三、吉阪隆正の3人が門を叩き、見習いとして働いていました。
　ル・コルビュジエは、「教える」ことに熱心で、よき指導者だったと言

スイスの建築家集団「アトリエ5」によるハーレン・ジードルンク（1959～61年）。ベルン市郊外の森のなかに建つ、集合住宅の傑作。6人の建築家が土地を購入し、自分たちの住戸を含む81戸を建設しつつ他の入居者を募って分譲するという大事業だった。撮影＝二川幸夫

［右頁］ル・コルビュジエが描いた、ロク＆ロブ計画のスケッチ（1949年）。「ロク」は丘の斜面に、「ロブ」は海岸に面した斜面に建てるべく計画されたが、実現はしなかった。「ロク」は、予定地の地名「ロクブリュヌ・カプ・マルタン」から、「ロブ」は施主で「ひとで食堂」主人のトマ・ルビュタの愛称から名付けられた。©FLC*

[上]安藤忠雄による六甲の集合住宅I、II、III（1983〜99年）。60度の急斜面につくられている。撮影＝松岡満男
[下]安藤が描いた六甲の集合住宅のスケッチ。

われます。事実、その思想に直に触れた弟子たちは、帰国した後も〝師〟との精神的な対話を続け、自分の建築作品の原動力にしていきました。そしてその弟子たちを通じてル・コルビュジエを追いかける孫弟子も現れるようになり、彼の建築への夢や思想は次の世代へと受け継がれていったのです。ただし、そうしたル・コルビュジエ信奉者たちの仕事のすべてが優れた成果を残したわけではありません。〝師〟の偉大さを知りすぎたがゆえに、単なるコピーで終わってしまった人もいます。

しかし、そんななか、〝師〟のアイディアの延長上でさらに優れた建築が開花した好例があります。スイスの建築家集団アトリエ5による集合住宅〈ハーレン・ジードルンク〉です。ベルンの森の中にひっそりたたずむ、この斜面地集住の傑作は、ル・コルビュジエが、カタロニア・ヴォールトを用いた住居単位を自在に組み合わせてつくった、斜面地での集住プロジェクト〈ロク&ロブ計画〉（１９４９年）の具現化ともいえるのではないでしょうか。

〈ハーレン・ジードルンク〉は、各戸とも眺望の開ける方に居間、そして庭があり、その向こうには木立が広がります。住戸は斜面を生かして段々につくられており、プライバシーが確保されています。スーパーやプールもあり、必要に応じたかたちで共同体としての生活も営めるシステムになっている。その公私空間の領域設定の巧みさには、目を見張るものがあります。実際に現地を訪れ、その濃密な空間を味わったとき、私は、そこに確かにル・コルビュジエのユニテに繋がる集住の理念を感じました。「夢」で終わった〝師〟の構想がここで花開いたのです。建築にも「遺伝子」があるのだという事実に、深い感動を覚えました。

それから約20年後、私は神戸の六甲の急斜面に集合住宅をつくりました。自分としては、崖にはりつくようにして集落を形成しているサントリーニ島やトルコのカッパドキアなどのイメージから出発したつもりでしたが、改めて見ると、やはりハーレンの影響は明らかなように思います。

ル・コルビュジエの遺伝子は、その建築に触れ、その理想に打たれた人間たちによって、延々と受け継がれていっています。私も自分なりにル・コルビュジエを追いかけながら建築の道を奔ってきました。これからも作品をつくり続ける限り、会うことはかなわなかった〝師〟との対話を繰り返していくでしょう。

挑み続けた77年

1887年

10月6日、父ジョルジュ・エドゥアール・ジャンヌレ=グリ(1855〜1926)、母マリー=シャルロット=アメリ・ジャンヌレ=ペレ(1860〜1960)の次男として、スイス北西部の町ラ・ショー=ド=フォン、ラ・セール通り38番地に生まれる。本名はシャルル=エドゥアール・ジャンヌレ。通称「エドゥアール」。2つ年上の兄ジャック=アンリ・アルベール・ジャンヌレ(1886〜1973)がいた。父は時計文字盤の絵付けを業とする職人で、その生活ぶりや家計の収支を細かく記録した日記(以下*、❹より訳出)が、近年の調査で発見された。母はピアノ教師。兄アルベールは早くから母親ゆずりの才能を発揮し、音楽家の道へ進む。

1891年……4歳

8月31日、兄と共にラ・ショー=ド=フォンの私立幼稚園へ入る。

1892年……5歳

3月6日「とてもいい天気だが冬のように寒い。マリーと二人の子供と共に山へ行った」。* 地元のアルピニストクラブに所属していた父に連れられ、幼い頃より兄と共によくハイキングへ出かけた。

1894年……7歳

公立小学校の2年生に編入。入学当初44人の男子生徒のなかで1番の成績だった。その後も1〜3番を維持していた。*

1899年……12歳

2月6日「音楽ですばらしく進歩しているアルベール……エドゥアールはいい子で頭もいいが、難しい性格だ。神経過敏で短気で反抗的でときどき不安になる……」。*

4月25日、地元の工業学校に入学。ほどなく同校は大学受験資格のある「ギムナジウム」に格上げされる。英・独・仏の語学やデザイン、音楽の成績はよかったが、数学はあまり得意ではなかった。

1900年……13歳

4月10日「エドゥアールは描く楽しさにますます夢中だ。とても上手に花の絵を描く。彼は美術学校のコースを取り始めた」。*

小さい頃から絵が得意だったエドゥアールは、時計職人を養成する地元の美術学校の夜間コースに通いはじめる。ギムナジウムの成績がどんどん下がる。

1902年……15歳

4月、ギムナジウムの課程を2年残して退学、美術学校の終日授業コース(4年制)へ入学する。彫金を専攻。才能を発揮し、2年続けてトップの成績を修める。この学校で「恩師」シャルル・レプラトニエと出会う。

11月1日「エドゥアールは美術学校で素晴らしく進歩している」。*

1904年……17歳

1月5日「エドゥアールがデザインした食堂用のガス・シャンデリアが出来た。鉄細工なので、制作は地元の鍛冶屋がやった。レプラトニエ氏も満足していた」。*

この頃網膜剥離による視力の低下が深刻化。分厚いレンズの眼鏡が必要となり、兵役も免除された。

5月25日、父ジョルジュは学校に書簡を送り、息子が彫金ではなく室内装飾や家具制作の授業に専念できるようにして欲しいと請願。翌月に認められる。年末の時計デザインのコンペで入賞する。

1905年……18歳

6月12日「エドゥアールは一番優秀な生徒だというのに、彼の先生であるレプラトニエ氏の熱心な勧めで、彫金は完全にやめて建築をやろうとしている……その結果、郊外に土地を買って家を建てようと私たちを説得している。母親は熱心に応援しているが……」。*

10月、レプラトニエの提案で新設された美術装飾高等科へ進学。時計だけでなくモニュメントや室内の装飾、建築ができるよう、レプラトニエの指導を受け始める。

11月、学校の委員会が翌年ミラノで行なわれる美術学校芸術国際展への参加を決定。エドゥアールは懐中時計を出品することになる。

年末までにレプラトニエは、美術学校の委員をつとめる宝飾商ルイ・ファレを説得し、その邸宅の設計をエドゥアールに任せるよう取りはからう。レプラトニエはまた、友人の建築家ルネ・シャパラ(1881〜1976)に電話をかけ「家を建てることになっている若者がいる。彼にはアイディアはあるが、それをどう実現したらいいのかわからない。手伝ってくれないか」と依頼、同意を得る。

ル・コルビュジエの自画像。©FLC*

1906年……19歳

春、レプラトニエが指導する美術装飾高等科の学生たちとともに、マテイ＝ドレ邸の音楽室を設計する（現存せず）。7月、ミラノの美術学校芸術国際展に、ラ・ショー＝ド＝フォン美術学校が108点の時計を出品。グランプリに次ぐ賞を得る。

6月17日「エドゥアールが設計したファレ邸の整地が始まった」。＊

9月11日には屋根があがる。12月2日「エドゥアールはこの家の見積もり超過など多くの心配を抱えている」＊、同月16日「エドゥアールが建てている家は、すごくいい感じになってきた。素敵な窓がいくつかついて、内装ももう始まっている」。＊

ル・コルビュジエ（21歳）と両親。1909年1月
Bibliothèque de La Ville, La Chaux-de-Fonds

1907年……20歳

4月19日「エドゥアールが風邪をひいた。彼は働きすぎだ。ファレ邸の仕上げ、セルニエの教会の修復、ガレ氏のスタジオ設計など本当に大変だ。彼は5月末に北イタリアへ、そのあとウィーンへ行くことになっている」。＊

6月18日「ファレ邸が完成間近だ。とても美しく独創的だ。この仕事は彼にとって計り知れない価値をもたらす体験となった……」。＊

8月5日「家が完成した」。＊

9月、〈ファレ邸◆〉の設計料を手に友人の彫刻家レオン・ペランと2カ月間の北イタリア旅行にでかける。ピサ、シエナ、ラヴェンナ、ヴェニスなどを訪れ、フィレンツェ郊外にあるエマの修道院に強い感銘を受ける。11月から約4カ月、ウィーンに滞在。ルイス・ファレの親戚のため〈ストッツァー邸◆〉〈ジャクメ邸◆〉の設計案を練る。この2軒にもルネ・シャパラが関わる。

1908年……21歳

2～3月、なかなかOKの出なかった〈ストッツァー邸〉〈ジャクメ邸〉の設計を終え、ドイツを経由して初めてパリへ。製図工の仕事を探すかたわら、図書館でロマネスク建築の本を精読。

6月、建築家オーギュスト＆グスタフ・ペレの事務所で働きはじめる。半日の勤務を終えると午後はボザールで建築史を聴講したり、ノートル・ダムの細部を研究したり、美術館や図書館などで過ごす。

8月、最初の給料で、建築家ヴィオレ＝ル＝デュクの名著『11世紀から16世紀に至るフランス建築の精解辞典』全10巻を購入。

1909年……22歳

1月「エドゥアールに再会した。いかにも芸術家らしい雰囲気を漂わせていたが、上品で話題豊富で……赤みがかったブロンドの顎髭をたくわえ、将来に対しても自信に満ちあふれていた」。＊

5月、パリに来た両親を案内してルーヴルやノートル・ダムへ。「エドゥアールはこの街のことを、土地の人のようによく知っていた」。＊

5月下旬、レプラトニエとロンドンへ行き、サウスケンジントン博物館を見学。8月、パリで再会した幼なじみのマックス・デュボワから、彼が翻訳したばかりの鉄筋コンクリートの専門書を借りる（翌年、デュボワを通じドイツの原著者に弟子入りしようと試みるが果たせず）。11月、ペレの事務所を辞める。

1910年……23歳

1月、ラ・ショー＝ド＝フォンから3キロほど離れたモン・コルヌの農家へ引っ越す。3月、レプラトニエ門下の美術装飾高等科の学生および卒業生が「連合アトリエ」を結成、そのメンバーとなる。

4月、レプラトニエの勧めで「装飾芸術」と「都市の建設」の研究のためミュンヘンに赴く。

5月、エドゥアールの研究に対し、ラ・ショー＝ド＝フォン美術学校が奨学金の交付を決定。都市計画の専門家テオドール・フィッシャーの事務所を訪ねる（就職は叶わなかった）。また、ミュンヘン在住のスイス人作家ウィリアム・リッターの知遇を得る。美術や音楽の評論も手がけたリッターは、やがてエドゥアールのよき助言者となる。

6月、ドイツ工作連盟大会が開かれているベルリンへ旅行。連盟首脳と面会し、ワイマール美術学校（バウハウスの前身）を訪ねる。ミュンヘンで美術史専攻の学生オーギュスト・クリプシュタイン（のち美術商となる）と知り合う。

11月、ペーター・ベーレンスの事務所でフルタイムの職を得る（翌年4月まで）。この年のクリスマスは、ドレスデンに近い田園都市ヘレラウで兄アルベールと過ごす。

1911年……24歳

春、ベーレンスの事務所で偶然ミース・ファン・デル・ローエに出会う。4～5月、「ドイツにおける装飾芸術の活動」の調査のため、シュトゥットガルト、ハイデルベルク、フランクフルト、マインツなど各地を精力的に回る。

5月末、東方への旅にでる。前年に知り合ったクリプシュタインとともに、プラハ、ウィーンから東欧を南下し、イスタンブールへ。ギリシアではアトス山とアテネを、イタリアではナポリ、ポンペイ、ローマなどを訪れる。旅の記録として、6冊のメモ帳、膨大なデッサンやクロッキー類、数百枚の写真を残す（7～11月、故郷の情報新聞に旅の印象記を連載）。

7月半ば、イスタンブールでオーギュスト・ペレに再会。シャンゼリゼ劇場建設を手伝わないかと誘われるが断る。11月、ラ・ショー＝ド＝フォンへ帰り、友人たちが住んでいた古い農家に移り住む。両親のための〈ジャンヌレ＝ペレ邸◆〉の設計を手がける。

1912年……25歳

1月、レプラトニエが美術装飾高等科に代わってつくった新設学科で教え始める。ル・ロークルの〈ファーヴル＝ジャコ邸◆〉を設計し、3月にはル・ロークルのタウンホールのコンペに参加（実現せず）。4月、〈ジャンヌレ＝ペレ邸〉の建設がはじまる。ヌーシャテルで東方旅行の水彩画展が開かれる（10月にパリのサロン・ドートンヌで、翌年4月にチューリヒの美術館でも開催される）。

5月、デュボワに鉄筋コンクリートの使用法につき問い合せる。

5月21日「家の建設は進んでいる……エドゥアールはとてもうまくやっている。ル・ロークルや他の仕事もある。ドイツのレポートも評価されている」。＊ 8月1日「エドゥアールがつくった建物は桁は

1911年9月、「東方旅行」中に描いたパルテノン神殿。©FLC＊

ずれだ。内装も外観もテラスも。どれも非常に金がかかる」。＊
12月、3年ぶりにパリへ旅行。
この年、初の著作『ドイツにおける装飾芸術の活動に関する研究』を刊行する。

1913年……26歳

6月、新設学科の学生達のドローイング展を地元郵便局で開く。
6月25日「テラス、補強壁、木組の塗装など家の周りの工事はだいたい終わった。これらすべてが当初の予算を膨れあがらせる。明らかに5万フランはかかっているだろう。なんて額だ！」。＊
10月、デッサン教授資格を取得。
この月より年末にかけて、時計会社を経営するシュウォブ一族の依頼で、パリやチューリヒで家具を買い付ける。この頃、リッターに近況を書き送る。「結婚は恐怖です……」。両親は結婚は子供はまだかとほのめかし、「仲間とセザンヌやホドラーについて語り明かして夜遅く帰宅したりすると、みだらなことをしてきたのではないかと決めつけるのです」。❹
この年、スイス工作連盟の設立に参画する。

1914年……27歳

1〜2月、ヌーシャテル州銀行コンペの設計案を作成（実現せず）。

4月、美術学校の新設学科をめぐる内紛で前月に辞職したレプラトニエにつづいて学校を辞める。

5月、開発業者の依頼でラ・ショー＝ド＝フォンの庭園都市計画案に着手（実現せず）。7月、ケルンで開かれたドイツ工作連盟大会に出席。このときの連盟展にはグロピウスらの建築群が出品され、近代様式を確立した展観として評価が高いが、エドゥアールはとくに感銘を受けなかった。リヨンで国際都市計画展を見る。クリプシュタインの兄の家（ドイツ）の設計案を作成（実現せず）。

12月、デュボワと〈ドミノ〉のコンセプトづくりに取り組む。

1915年……28歳

2月、ジュネーヴのビュタン橋コンペの設計案を作成（構造はデュボワが担当／実現せず）。ドミノの研究を進める。

7〜9月、パリの国立図書館で5年間中断していた「都市の建設」の研究・執筆を再開（1925年に『ユルバニスム』として刊行）。

1919年8月、ラ・ショー＝ド＝フォンの両親の家にて、オザンファン（左）、兄のアルベール（中）と共に。©FLC

1916年……29歳

1月、デュボワにドミノの特許申請をしてもらう（申請料も彼が出した）。夏、ラ・ショー＝ド＝フォンで〈シネマ・スカラ◆〉〈シュウォブ邸◆〉を設計する。

10月、チューリヒの美術館で水彩画展を開く。同月末、パリへ。

11月10日「昨日の夕方、エドゥアールがパリから戻ってきた。先々をにらんだ、すばらしい準備ができたと言っていた」。＊

1917年……30歳

1月、〈シュウォブ邸〉の建設費が見積りの3倍になることが判明、工事から外され設計料の支払いも拒否される（翌年、シュウォブを訴える）。パリへ移り、ジャコブ通り20番地に部屋を借りる（1934年まで）。秋、油彩画を描きはじめる。年末、オーギュスト・ペレの紹介で画家アメデ・オザンファンと出会う。芸術や文化の批評活動における親しい仲間となる。この年、デュボワが設立した、鉄筋コンクリートを使用する設計・施工会社のお抱え建築家となる。事業家を夢見て、関連会社に大金を出資しはじめる。

◆給水塔＝ポダンサク　◆労働者用共同住宅＝サン＝ニコラ＝ダリエルモン　◇食肉処理場＝シャリュイ　◇水力発電所＝イル・ジュルダン　ほか（以後、数年間実現プランなし）。

1918年……31歳

9月、避暑先のオザンファンを訪ね、2週間を共に過ごす。10月、兄アルベールがパリへ移住。11月、本人によれば「最初の絵画」となる《暖炉》が完成。オザンファンとの共同執筆で『キュビスム以後』を刊行。12月、オザンファンとパリのトマ画廊で二人の絵画展を開催、「ピュリスム（純粋主義）」を宣言する。

1919年……32歳

6月、両親の家を売却することになる。前年末に父が失明し働けなくなったこと、維持費がかかりすぎることなどがその理由だった。

8月、この家で最後の夏を過ごすためオザンファンを招く。新しい所有者に11頁におよぶ〝取扱説明書〟を用意する。

◇モノル型住宅　◇労働者用共同住宅＝トロワ

1920年……33歳

1月、9歳年下の従弟ピエール・ジャンヌレがパリに出てくる。ボザールで学びながら、ペレの事務所で働く（1922年まで）。

10月15日、オザンファン、詩人ポール・デルメとともに「エスプリ・ヌーヴォー」の第1号を刊行（以後、1925年の廃刊まで28冊を刊行）。ペンネームの「ル・コルビュジエ」を使用し始める。絶えてしまった祖先の名前を取ったと言われる。秋、出資した事業が急速に悪化する。

「大損したのは事実です……でも御存知のように私はそれでへこたれたりあきらめたりするタイプではありません……この危機で私は自分の能力により相応しい活動をするようになり、自分の人生をよりよくできるでしょう」（両親あての手紙、12月❹）。この年、フェルナン・レジェと出会う。

◇シトロアン住宅第1案　◇労働者住宅＝トゥーロット　ほか

1921年……34歳

1月、パリ、ドゥルエ画廊で第2回ピュリスム展を開く。オザンファンとともに絵画を出品。7月、出資した事業が全て倒産。8月、オザンファンらとローマ旅行。9月、〈ベルク邸◆〉改修の依頼を受ける。この年、デュボワの紹介でバーゼルの銀行家ラウル・ラ・ロッシュと知り合う。絵画収集のアドバイスをしたり、定期的に絵を買ってもらう間柄となる。

1922年……35歳

3月「エドゥアールは元気です。ピエールと一緒にベルク邸改修の仕事をしています。これはル・コルビュジエとしての最初の仕事です」（兄から両親あての手紙❹）。

9月、ラ・ロッシュとイタリアを旅する。サロン・ドートンヌに〈300万人のための現代都市〉〈シトロアン住宅〉第2案を出品。展示をみたベスニュ夫妻から小住宅の設計を依頼される。

この年、ピエールとともに事務所を開く。以後1940年までの全建築作品は二人の共同名義。オザンファンの紹介で、後に結婚するモナコのファッションモデル、イヴォンヌ・ガリと出会う。

◆ベスニュ邸＝ヴォークレソン

◆オザンファンのアトリエ＝パリ

1923年……36歳

ラ・ロッシュおよび結婚したての兄アルベールのための共同住宅〈ラ・ロッシュ＝ジャンヌレ邸◆〉を設計（現ル・コルビュジエ財団）。ラ・ショー＝ド＝フォンのアパートメントやシュウォブ一族の図書室の内装などを手がける。レマン湖のほとりに両親のための〈小さな家◆〉をつくりはじめる。「建築雑誌」8月号に、陸軍省の技官・薬師寺主計が会見記と作品図版を掲載。日本で初めてのル・コルビュジエの紹介記事となる。『建築をめざして』を刊行。いわく「住宅は住むための機械である」。

◆リプシッツ＝ミエスチャニノフ邸＝ブローニュ　◆テルニジアン邸＝ブローニュ†　◇週末住宅＝ランブイエ　ほか

1924年……37歳

セーヴル通り35番地にアトリエを移す。ジュネーヴ、ローザンヌ、プラハで講演する（この頃より講演が増える）。

◆労働者住宅＝レージュ　◆トンカンの住宅＝ボルドー†　◆シテ・フリュジェスの集合住宅＝ペサック　◆プラネクス邸＝パリ　◆エスプリ・ヌーヴォー館＝パリ†（1977年ボローニャに再建）　◇手工業者のための量産住宅　ほか

1925年……38歳

オザンファンとの共著『近代絵画』を刊行、これ以後オザンファンと決別する。パリで開かれた国際装飾芸術博覧会（アール・デコ博）に〈エスプリ・ヌーヴォー館〉で参加する。『今日の装飾芸術』『ユルバニスム』『近代建築名鑑』を刊行。

◇ヴォワザン計画＝パリ　◇大学都市＝パリ　◇メイエル邸＝ヌイイ＝シュル＝セーヌ　ほか

1926年……39歳

4月11日、父ジョルジュ亡くなる。この年、『機械時代の建築』を刊行。「近代建築5原則」を唱える。

◆クック邸＝ブローニュ＝シュル＝セーヌ　◆ギエット邸＝アントワープ　◆スタイン＝ド・モンジー邸（ガルシュの家）＝ヴォークレソン　◆救世軍人民院＝パリ　◇オメガ社事務所＝パリ　◇最小限住宅　ほか

1927年……40歳

講演に訪れたバルセロナでアントニオ・ガウディの建築を見学。ミースの推薦により、シュトゥットガルトで開かれたドイツ工作連盟展に招待され、ワイセンホフの丘に2軒の住宅を建てる（現存）。ジュネーヴの国際連盟本部の建物のコンペで1等に入選するも計画案は採用されず。シャルロット・ペリアンがアトリエに入る（1940年まで）。

◆ネスレ館＝パリ†　◆チェルチュ邸＝ヴィル・ダヴレー†

1928年……41歳

6月、スイスでCIAM（近代建築国際会議）が設立され、以後9回の総会に参加。

この年、前川國男がアトリエに入る（1930年まで）。セントロソユース（モスクワ／現存）のコンペ入選を機にソヴィエトを訪れる。『住宅と宮殿』を刊行し、前年の国際連盟本部コンペのスキャンダルを暴露する。

◆ベイゾー邸＝カルタゴ　◆サヴォワ邸＝ポワッシー　◇オカンポ邸＝ブエノス・アイレス　◇ヴァナーの共同住宅＝ジュネーヴ

1929年……42歳

初の南米旅行。各地で講演する。12月、帰りの客船でジョセフィン・ベイカーと出会う。「ばかげたショーの中で、ジョセフィン・ベイカーは〝ベイビー〟を歌った。それはとても熱情的で劇的な繊細さに満ちていて、私は涙がこぼれるほど心ゆさぶられた」。❽

この年、サロン・ドートンヌにペリアン、ピエールと共同で家具を出品する。CIAMのパトロンであるドゥ・マンドロ夫人の別荘（ル・プラデ／現存）を手がける。ブエノス・アイレスやリオ・デ・ジャネイロの都市計画のプランをつくる（実現せず）。『ル・コルビュジエ全作品集』第1巻を刊行。

◆救世軍難民院＝パリ　◆救世軍水上収容所＝パリ　◆ベステギのアパート＝パリ†　◇ムンダネウム＝ジュネーヴ　ほか

1930年……43歳

春、モスクワへ旅行。メイエルホリドやエイゼンシュタインと会う。12月18日、イヴォンヌと結婚。「結婚したとき、子供はいらない、と妻に言いました。建築家としての人生が非常にやりにくくなるこ

とを恐れたからです」。❽
この年、フランスに帰化する。『プレジション』を刊行、また新刊雑誌「プラン」の定期寄稿者となる。
◆スイス学生会館＝パリ　◆クラルテ集合住宅＝ジュネーヴ　◇エラズリス邸＝チリ　◇マナン学校＝パリ　◇都市計画＝アルジェ　◇輝く都市　ほか

1931年……44歳
4月、アルジェで講演する。
8月、ピエールとスペイン、モロッコを旅行する。
この年、〈ソヴィエト・パレス〉の指名コンペに招待されたが落選。坂倉準三がアトリエに入る（1936年まで）。
◆ナンジェセール・エ・コリ通りのアパート＝パリ　◇現代芸術センター＝パリ　ほか

1932年……45歳
MoMAで「モダン・アーキテクチュア展」開催、「インターナショナル・スタイル」の代名詞として国際的な脚光を浴びる。
◇共同住宅＝パリ　◇賃貸アパート＝チューリヒ　ほか

1933年……46歳
7〜8月、第4回CIAM総会に出席し「アテネ憲章」起草に貢献。
この年、チューリヒ大学より名誉博士号を贈られる。『建築十字軍——アカデミーの黄昏』を刊行。
◇デュラン宅地計画＝アルジェ　◇都市計画＝ジュネーヴ　◇都市計画＝ストックホルム　ほか

1934年……47歳
5〜6月、ローマでムッソリーニの講演を聞き、接触をはかる。7月、トリノのフィアットの工場を見学。11月、ナンジェセール・エ・コリ通り24番地のアパートの最上階へ引越す。「今朝、とても大きな出来事があった。長椅子を、苦労してアパートに運びあげたところ、すべてが心地よく落ち着いた雰囲気になった。まるで〝本物の家〟のようで、イヴォンヌも大喜びだった。とうとうソファでコーヒーを楽しめる身分になった。ブルジョワ社会に迎え入れられるまでには、長い道のりを行く必要があるというわけだ」。❸
この年、故郷の新聞2紙に攻撃記事が掲載される。ゼンガーの3年前の著書『ボルシェヴィズムのト

ジャコブ通り20番地の自宅にて。1931年　©FLC

ロイの木馬』を引用したもので「馬とは私のことだ。……敬虔な信仰を持つ、私にとっては母にも等しい存在である大伯母がこうしたおぞましいものを読んだと思うと、涙が流れた」。❽

◆週末住宅＝ラ・セル・サン・クルー　◇国立および市立美術館＝パリ　◇輝く農村　ほか

1935年………48歳

12月、ロックフェラーとMoMAの招きで初めて訪米する。ボストン、シカゴなどアメリカ各地で講演。この年、自宅アパートで画商ルイ・カレによるプリミティヴ・アート展を開催する。『航空機』『輝く都市』を刊行。

◆ル・セクスタン邸＝レ・マト　◇ツリン渓谷の都市計画＝チェコスロヴァキア　ほか

1936年………49歳

夏、2度目の南米旅行。オスカー・ニーマイヤー、ルシオ・コスタ、アルフォンソ・レイディら〈ブラジル教育保健省〉の共作者と協議。リオ・デ・ジャネイロで講演する。

◆ブラジル教育保健省＝リオ・デ・ジャネイロ　◆パリ国際博覧会・新時代館＝パリ†　◇10万人のスタジアム＝パリ　ほか

1937年………50歳

春、海水浴が原因で神経炎にかかり5カ月間床につく。この年、レジョン・ドヌール5等勲章受章。アルジェ地方計画委員会の委員となる。『伽藍が白かったとき』『絵画及び彫刻との関係における合理主義建築の傾向』を刊行。

◇水の博覧会・フランス館＝リエージュ　◇ジャウル邸　◇デカルト的摩天楼　ほか

1938年………51歳

8月、海水浴中に船のスクリューで頭に大けがをする。

この年、カプ・マルタンにあるアイリーン・グレイ設計の、スタイリッシュな家の白い壁に無断で壁画を制作、グレイを怒らす。チューリヒの美術館とパリのルイ・カレのギャラリーで絵画展開催。『大砲？　銃弾？　結構です、どうぞ住宅を』を刊行する。

◆青年失業者のための再教育センター＝パリ　◇市役所前広場の整備計画＝ブローニュ＝シュル＝セーヌ　◇摩天楼＝アルジェ　◇GMMAS乾式構法の家　ほか

1939年………52歳

ユルバニスム（都市計画）準備委員会（CEPU）の設立をきっかけにジャン・ジロドゥーと出会う。ストックホルムの王立芸術アカデミー会員に推薦される。『新しい時代のリリシズムと都市計画』を刊行する。

◇生物学研究所＝ロスコフ　◇無限に成長する美術館　◇理想の住宅＝ロンドン　ほか

1940年………53歳

戦災者用の避難施設〈ミュロンダン住宅〉や国防省発注の〈弾薬工場〉（ムティエル・ロゼーユ）、〈技術者と現場監督のための住宅〉（ランヌムザン）などの計画案を作成（実現せず）。

6月、ドイツ軍のパリ占領に伴い、セーヴル通りのアトリエを閉める。妻イヴォンヌとピエールをピレネーへ疎開させ、自らはヴィシーへ。11月、ピエールはレジスタンスに参加、18年におよぶ協働がいったん終わる。グワッシュ画で生計を立てる。

1941年………54歳

ヴィシーに長期滞在。5月、ペタン元帥に接触し、フランスの都市計画に関する委員に命じられる。この年、アルジェへ旅行。『パリの運命』『四つの交通路』を刊行。

1942年………55歳

アルジェの都市計画の最終案をまとめる。6月、行政関係者が目を通す建設業界紙に8年前の批判記事が再掲載され、その数日後、アルジェ市議会はル・コルビュジエの都市計画案を否決。

この年、セーヴル通り35番地のアトリエを再開する。建築刷新のための建設者会議（ASCORAL）を設立。フランソワ・ドゥ・ピエールフーとの共著『人間の家』を刊行する。

◇ペリサック邸＝アルジェリア

1943年………56歳

建築物標準化国家委員会のメンバーの選からもれる。政府にピレネー地方の整備を提案。モデュロール研究を開始。『建築学校の学生たちとの対話』『アテネ憲章』を刊行する。

◇都市計画＝サン＝ゴダン

1944年……57歳
8月、パリ解放。この年、ユージン・クロディウス＝プティ(後に復興相)に出会う。ユニテ・ダビタシオンに関する研究をはじめる。
◇緑の工場

1945年……58歳
建築家のアトリエ(ATBAT)を設立。復興相ドートリーからマルセイユのユニテ・ダビタシオンの設計を依頼される。この年よりアンドレ・ボジャンスキーとの協働がはじまる。アメリカの建築と都市計画事情を調査する公式派遣団の団長として、クロディウス＝プティらと渡米。モデュロールの研究の仕上げをする。『三つの人間機構』を刊行。
◆ユニテ・ダビタシオン＝マルセイユ　◇都市計画＝サン＝ディエ
◇都市計画＝ラ・ロシェル・ラ・パリス　◇教会堂＝ラ・サント・ボーム　ほか

1946年……59歳
2月、アメリカより帰国。春、再渡米し国際連合本部の敷地を決める委員会にフランス代表として参加。年末までアメリカ各地を旅行。この年、プリンストンでアルベルト・アインシュタインに会い、モデュロール研究について助言を得る。ベトン・ブリュ(打放しコンクリート)の研究を開始。『ユルバニスム概論』『ユルバニスムの考え方』を刊行。
◆デュヴァル織物工場＝サン＝ディエ

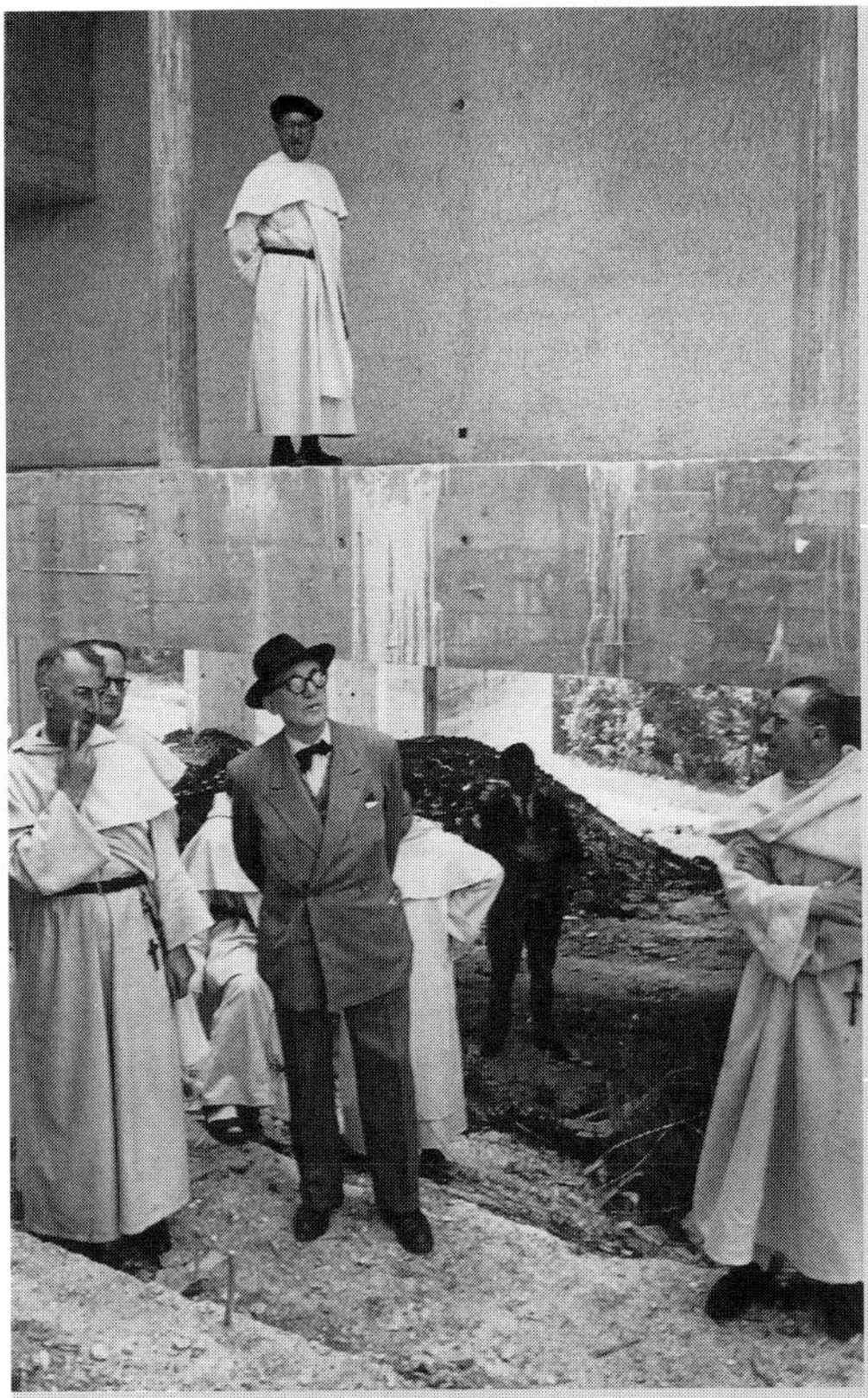

ラ・トゥーレット修道院の工事現場で。
1950年代　©FLC

1947年……60歳
「人々はずっと私を押しつぶそうとしてきました。最初は私のことを汚い技術者だと言い、次に建築家になろうとしている画家だと言い、続いて絵を描こうとしている建築家だと言い、次に共産主義者、そしてファシスト……幸いなことに私はいつも鉄の意志を持っていました。若い頃はびくびくしていたけれども、ルビコン川を渡るように自分をし向けてきました。私はボクサータイプなのです」(「ニューヨーカー」4／26・5／3号)。
この年、マンハッタンに超高層の国連本部ビルを構想。最終案が受諾されたが、結局設計は委託されなかった。ブルターニュの家具職人ジョゼフ・サヴィナの協力により、初めて彫刻作品をつくる。『国連本部』を刊行。

1948年……61歳

ニューヨークとボストンで展覧会。ピエール・ブダンの協力を得てタピスリーを初めて手がける。

◇バリーの店舗＝パリ　◇イズミールの都市計画＝トルコ　ほか

1949年……62歳

ブエノス・アイレスの医師のために、住宅兼診療所として〈クルチェット邸〉を手がける。南米で唯一実現した住宅プロジェクト。

◇ロク＆ロブ計画＝ロクブリュヌ・カプ・マルタン　◇ユニテ・ダビタシオン＝ポルト・ド・サン＝クルー　ほか

1950年……63歳

5月、被災したロンシャンの礼拝堂の再建を依頼され、現地を訪れる。11月、インド・パンジャブ州の高官が新都計画の相談に来訪する。この年、吉阪隆正がアトリエに入る（1952年まで）。『モデュロールI』『アルジェの詩』などを刊行する。

◇ボゴタの都市計画＝コロンビア　◇南マルセイユの都市計画　◇都市計画＝チャンディガール　◇知事公邸＝同前　ほか

1951年……64歳

チャンディガールの建築顧問を受諾し、協働を再開したピエールとともに2月、初めてインドへ。チャンディガールとアーメダバードを訪れる。この年、渡米しロングアイランドでコンスタンティノ・ニヴォラと壁画と砂の彫刻を共作する。MoMAで展覧会を開く。パリのユネスコ本部建設のコンペで落選する。

◆カプ・マルタンの休暇小屋＝ロクブリュヌ・カプ・マルタン　◆ジャウル邸＝ヌイイ＝シュル＝セーヌ　◆サラバイ邸＝アーメダバード　◆ショーダン邸＝同前　◆繊維織物業協会会館＝同前　◆美術館＝同前　◇ヒュスィーシング邸＝同前　◇ロッテルダム地域の都市計画＝ストラスブール

1952年……65歳

10月14日、マルセイユのユニテ・ダビタシオンが竣工。この年、インド・チャンディガールの工事がはじまる。ドミニコ会のクチュリエ神父が訪れ、ラ・トゥーレット修道院の建設を依頼する。

◆ユニテ・ダビタシオン＝ルゼ・レ・ナント　◆高等裁判所＝チャンディガール　◆美術館＝同前　◇航空クラブ＝ドンクール　ほか

1953年……66歳

ユネスコ本部建設のための5人委員会に、グロピウス、ブロイヤーらと共に任命される。英国王立建築家協会よりゴールドメダル授与。パリ近代美術館で、過去30年間に描いた絵画による大展観を開く。ロンドンでも、絵画、ドローイング、彫刻、タピスリーを展示。

◆総合庁舎＝チャンディガール　◆ボートクラブ＝同前　◆ラ・トゥーレット修道院＝エヴー・シュル・ラルブルスル　◆ブラジル学生会館＝パリ（ルシオ・コスタと協働）　◇シマンバイ邸＝アーメダバード　◇ラ・ロシェル型住宅

1954年……67歳

ベルンとコモの美術館で造形作品の展覧会が開かれる。カプ・マルタンの休暇小屋のすぐそばに仕事小屋を作る。『小さな家』を刊行。

1955年……68歳

3月19日、チャンディガール高等裁判所の落成式が、ネール首相により行なわれる。6月、ロンシャンの礼拝堂完成。献堂式で大司教に鍵を渡しながら「私はこの教会を建設するにあたり、沈黙の場、祈りの場、平和の場、そして内なる喜びの場を創造したいと望みました」⓭と述べる。11月、国立西洋美術館の設計準備のため来日。最初で最後の日本訪問となる。この年、チューリヒのスイス連邦工科大学より名誉博士号を贈られる。自分と妻の墓のプランをつくる。『直角の詩』『モデュロールII』を刊行。

◆ル・コルビュジエの墓＝ロクブリュヌ・カプ・マルタン　◆州会議事堂＝チャンディガール　◆ダム＝バクラ（インド）　◇ユニテ・ダビタシオンと都市計画＝モー　◇金属製実験住宅＝ラニー　ほか

1956年……69歳

1月、フランス芸術院会員への立候補を辞退する。「昨日、芸術院会員のX氏が至急会いたいと言ってきた。15分後、彼は私のオフィスにいた。彼は〝会員になっていただけませんか〟と頼み、私は答えた――いいえ、けっこう。とんでもない」。❺

この年、ニューヨークとパリ、リ

自宅の壁に貼られていた、母と妻の写真やスケッチ。1959年
©René Burri/Magnum Photos Tokyo

ヨンで展覧会を開く。『パリの諸計画』を刊行。
◆スタジアム＝フィルミニ ◆オリンピック・スタジアム＝バグダッド ◆ユニテ・ダビタシオン＝ブリエ・アン・フォレ ◆青少年文化センター＝フィルミニ ◇病院＝フレル ◇3・66×3・66のヴァカンス住宅＝ロクブリュヌ・カプ・マルタン ほか

1957年……70歳

10月5日、妻イヴォンヌ死去。「昨日の朝4時にイヴォンヌが死んだ。彼女の手は私の手のなかにあり、沈黙と完全な静寂のなかで逝った……彼女は強い意志を持った、非常に勇気ある誠実できちんとした女性だった。36年間、私の家の守護天使だった」。❽
この年、『ル・コルビュジエ全作品集』の編者W・ボジガーが主催する大回顧展が、チューリヒ、ベルリン、ウィーン、パリなどを巡回。ラ・ショー＝ド＝フォンの名誉市民となり、故郷で初の個展を開催。コペンハーゲン王立芸術アカデミーの会員に推薦される。
◆ユニテ・ダビタシオン＝ベルリン ◆国立西洋美術館＝東京

1958年……71歳

ブリュッセル万博で〈フィリップス館〉を依頼され、かつて事務所にいた作曲家ヤニス・クセナキスとともに手がける（現存せず）。エドガー・ヴァレーズと電子詩曲を共作する。
◇都市計画国際競技設計＝ベルリン ◇ユニテ・ダビタシオン＝ボエ

1959年……72歳

11月、ハーヴァード大学カーペンター視覚芸術センターの敷地を見に渡米。この年、ケンブリッジ大学より名誉博士号を贈られる。パリ、ロンドン、ローマで展覧会が開かれる。
◆美術学校＝チャンディガール

1960年……73歳

2月4日、ソルボンヌで講演。同月15日、母マリー死去。この年、ブレティニー、トゥール、ヴィラクブレー、ラングドック＝ルシヨンのユニテ・ダビタシオンの計画案を作成（実現せず）。『根気よいアトリエの探求』を刊行。
◆ユニテ・ダビタシオン＝フィルミニ ◆水門＝ケンブス ◇文化センター＝フォール・ラミー（チ

1961年10月に、東京・国立西洋美術館で開かれたル・コルビュジエ展の会場風景。撮影＝野中昭夫

ヤド）◇サン・ピエール教会堂＝フィルミニ　ほか

1961年……74歳

4月、コロンビア大学より名誉博士号、アメリカ建築家協会より金メダルを贈られる。

この年、オルセー駅跡地に建てるホテルと会議場のコンクールに計画案を提出。主催者による依頼だったが提出を取り消される。チューリヒ、ストックホルム、東京で展覧会が開かれる。タピスリー《手》に想を得た、レストラン・プルニエ（ロンドン）のための食器セットをデザイン。『オルセー・パリ　1961』を刊行。

◆ハーヴァード大学カーペンター視覚芸術センター＝ケンブリッジ

1962年……75歳

ブラジルのフランス大使館建設の調査のためリオ・デ・ジャネイロを訪れる。パリ近代美術館で回顧展を開く。

◇国際芸術センター＝エーレンバッハ（ドイツ）◇博覧会パビリオン＝ストックホルム　ほか

1963年……76歳

夏、ストロッツィ宮での展覧会のため、フィレンツェを訪れる。この年、チューリヒのル・コルビュジエ・センター着工。

◇オリヴェッティ電子計算機センター＝リヨ（イタリア）

1964年……77歳

ヴェニスの病院の注文を受諾したところ、市民の反発を買う。「素晴らしい芸術都市はアンタッチャブルなのです」。❺ けっきょく実現はしなかった。チューリヒとラ・ショー＝ド＝フォンで個展。

◇フランス大使館＝ブラジリア

◇20世紀美術館＝ナンテール

1965年

7月、1911年の原稿から『東方への旅』を編集（1966年に刊行）。8月27日、地中海カプ・マルタンで海水浴中に心臓麻痺を起こし死去。「私が願っているのは、品のいい表現ではないけれど〝ある晴れた日に私は倒れて死ぬ〟ということです」（亡くなる数週間前の兄あての手紙❺）。

9月1日、ルーヴル宮クール・カレで国葬。アンドレ・マルロー文化相が葬儀委員長をつとめる。同月4日、カプ・マルタンの墓地でイヴォンヌの隣に埋葬。

1967年

チャンディガールに赴任し主任建築家をつとめていたピエールが、現地でかかった病のため、療養先のジュネーヴで死去。

1968年

遺産の管理にあたるル・コルビュジエ財団が正式に認可される。

❖この年譜は、128頁に挙げた主要参考文献（❶〜㉙）、ル・コルビュジエ財団の年譜などをもとに編集部で作成しました。白ヌキ数字は引用出典、◆は実現した建物（†は現存しないもの）、◇はプランのみのプロジェクトです。

ル・コルビュジエ財団
Fondation Le Corbusier

膨大な建築図面やエスキース、美術作品など、自作の散逸を防ぐため、ル・コルビュジエは生前に財団の基礎をつくり、作品を寄贈していた。没後、1968年に正式認可された財団は、今日に至るまでこの建築家の作品の保存と紹介につとめている。拠点はパリ16区の閑静な場所にあるル・コルビュジエ作〈ラ・ロッシュ＝ジャンヌレ邸〉で、ラ・ロッシュ邸部分［39頁］は公開されている。

8-10, square du Docteur-Blanche 75016 Paris
☎ 33-1-42-88-41-53
http://www.fondationlecorbusier.asso.fr/

ル・コルビュジエ財団が置かれているパリのラ・ロッシュ＝ジャンヌレ邸。

模型や図面、家具が展示されているギャルリー・タイセイ。

ギャルリー・タイセイ
Galerie Taisei

ル・コルビュジエの美術作品や関連資料を収集し、1992年のオープン以来、この建築家の仕事をさまざまな視点で切り取った展覧会を開いてきた、日本におけるアーカイヴ的存在のギャラリー。ホームページも充実しており、主要作品の図面や解説、年譜のほか、ル・コルビュジエに関するギャラリー独自のテキストなども読むことができる。運営は大成建設、企画展は年4回。入場無料。

東京都新宿区西新宿1-25-1 新宿センタービル17F
☎ 03-5381-5510
http://www.taisei.co.jp/galerie/index.html

主要参考文献

❶『ル・コルビュジエ全作品集』 第1～8巻
W.ボジガー，O.ストノロフ，マックス・ビル編／
吉阪隆正訳　A.D.A. EDITA Tokyo　1977～79年

❷ *Le Corbusier:Œuvre complète*, en 8 volumes,
Edited by W. Boesiger, Birkhäuser, Basel, 1995

❸ *Immeuble 24 N.C. et Appartement Le Corbusier*,
Jacques Sbriglio, Fondation Le Corbusier, Birkhäuser, Basel, 1996

❹ *Le Corbusier's Formative Years*, H.Allen Brooks,
The University of Chicago Press, Chicago and London, 1997

❺ *Le Corbusier-The Final Testament of Père Corbu*,
Yale University Press, New Haven and London, 1997

❻ *Le Corbusier: Les Villas La Roche-Jeanneret*,
Jacques Sbriglio,Fondation Le Corbusier, Birkhäuser, Basel, 1997

❼ *The Savoye House*, Guillemette Morel-Journel,
Éditions du patrimoine, Paris, 1998

❽ *Le Corbusier and the Continual Revolution in Architecture*,
Charles Jencks, The Monacelli Press, New York, 2000

❾ *Le Corbusier before Le Corbusier:Applied Arts・Architecture・Painting・Photography・1907-1922*,
Edited by Stanislaus von Moos and Arthur Rüegg, Yale University
Press, New Haven and London, 2002

❿ ル・コルビュジエ『建築をめざして』 吉阪隆正訳
鹿島出版会　1967年

⓫ ル・コルビュジエ『モデュロール I』『モデュロール II』
吉阪隆正訳　鹿島出版会　1976年

⓬ ル・コルビュジエ『東方への旅』 石井勉他訳
鹿島出版会　1979年

⓭ スタニスラウス・フォン・モース
『ル・コルビュジエの生涯 建築とその神話』 住野天平訳
彰国社　1981年

⓮ 富永讓『ル・コルビュジエ 幾何学と人間の尺度』 丸善
1989年

⓯ ウイリアムJ.R.カーティス『ル・コルビュジエ―理念と形態』
中村研一訳　鹿島出版会　1992年

⓰ ノルベルト・フーゼ『ル・コルビュジエ』 安松孝訳
PARCO出版　1995年

⓱ ブルノ・カンプレト
『ル・コルビュジエ カップ・マルタンの休暇』
中村好文監修／石川さなえ＋青山マミ訳　TOTO出版
1997年

⓲ CD-ROM『ル・コルビュジエ アーキテクト／アーティスト』
デジタル・トウキョー　1998年

⓳ 林美佐『再発見／ル・コルビュジエの絵画と建築』 彰国社
2000年

⓴『ル・コルビュジエの全住宅』
東京大学工学部建築学科 安藤忠雄研究室編　TOTO出版
2001年（18、46、47頁の平面図は同書より）

㉑「ル・コルビュジエ」展カタログ　毎日新聞社　1996年

㉒「建築文化」 1996年10月号　彰国社

㉓「建築文化」 2001年2月号　彰国社

㉔「ル・コルビュジエ 建築・家具・人間・旅の全記録」
エクスナレッジ　2002年

㉕ 安藤忠雄『旅』 住まいの図書館出版局／星雲社　1989年

㉖ 安藤忠雄『安藤忠雄の都市彷徨』 マガジンハウス　1992年

㉗ 安藤忠雄『家』 住まいの図書館出版局／星雲社　1996年

㉘ 安藤忠雄『建築を語る』 東京大学出版会　1999年

㉙ 安藤忠雄『建築に夢をみた』 NHK出版　2002年

127頁の写真：撮影＝矢萩喜従郎（上）
ギャルリー・タイセイ（下）

ブック・デザイン
日下潤一＋後藤あゆみ

本書は「芸術新潮」2001年9月号特集
「安藤忠雄が語る ル・コルビュジエの勇気ある住宅」
を再編集・増補したものです。

とんぼの本

ル・コルビュジエの勇《ゆう》気《き》ある住《じゆう》宅《たく》

発行　2004年9月25日
9刷　2016年8月20日

著者　安《あん》藤《どう》忠《ただ》雄《お》
発行者　佐藤隆信
発行所　株式会社新潮社
住所　〒162-8711　東京都新宿区矢来町71
電話　編集部　03-3266-5611
読者係　03-3266-5111
http://www.shinchosha.co.jp
印刷所　大日本印刷株式会社
製本所　加藤製本株式会社
カバー印刷所　錦明印刷株式会社

乱丁・落丁本は、ご面倒ですが小社読者係宛お送り下さい。
送料小社負担にてお取替えいたします。
価格はカバーに表示してあります。

ISBN978-4-10-602119-0　C0352